自动化资本偏向型技术进步对就业与工资的影响研究

姜 宏 ◎ 著

上海财经大学出版社

图书在版编目(CIP)数据

自动化资本偏向型技术进步对就业与工资的影响研究/姜宏著.
—上海:上海财经大学出版社,2023.9
ISBN 978-7-5642-4234-3/F.4234

Ⅰ.①自… Ⅱ.①姜… Ⅲ.①制造工业-技术进步-影响-就业-研究-中国②制造工业-技术进步-影响-工资差额-研究-中国 Ⅳ.①D669.2②F249.24

中国国家版本馆 CIP 数据核字(2023)第 161997 号

□ 责任编辑　杨　闯
□ 封面设计　张克瑶

自动化资本偏向型技术进步对就业与工资的影响研究
姜　宏　著

上海财经大学出版社出版发行
(上海市中山北一路 369 号　邮编 200083)
网　　址:http://www.sufep.com
电子邮箱:webmaster@sufep.com
全国新华书店经销
上海华教印务有限公司印刷装订
2023 年 9 月第 1 版　2023 年 9 月第 1 次印刷

710mm×1000mm　1/16　11 印张(插页:2)　168 千字
定价:68.00 元

目录
Contents

第一章　引言 /1

第一节　选题背景与问题的提出 /1

一、选题背景 /1

二、问题的提出 /7

第二节　研究意义 /9

一、理论意义 /9

二、实践意义 /9

第三节　研究内容、研究方法和创新点 /10

一、研究内容 /10

二、基本思路 /13

三、研究方法 /13

四、可能的创新点 /14

第二章　国内外研究现状与文献综述 /17

第一节　偏向型技术进步 /17

一、偏向型技术进步的内涵 /17

二、偏向型技术进步的影响因素 /18

三、偏向型技术进步的测算方法 /19

第二节　自动化资本偏向型技术进步对就业和工资的影响 /20

一、自动化资本偏向型技术进步对就业总量的影响/21

二、自动化资本偏向型技术进步对就业结构的影响/23

三、自动化资本偏向型技术进步对工资的影响/23

第三节 文献评述/24

一、自动化资本偏向型技术进步的内涵/24

二、自动化资本偏向型技术进步的测度方法/25

三、自动化资本偏向型技术进步对就业和工资的影响机制/25

第三章 中国制造业技术进步偏向的测度及影响因素研究/28

第一节 中国制造业技术进步偏向的测度/28

一、模型设定与变量说明/28

二、模型检验与测度结果/32

第二节 自动化资本偏向型技术进步的影响因素分析/37

一、理论模型分析/37

二、实证分析/40

第三节 结论/57

第四章 自动化资本偏向型技术进步对就业和工资影响的理论研究/59

第一节 理论模型推导/59

一、自动化资本偏向型技术进步对就业的影响/61

二、自动化资本偏向型技术进步对工资的影响/62

三、自动化资本偏向型技术进步对工资不平等的影响/62

四、研究假说/65

第二节 结论/65

第五章 自动化资本偏向型技术进步对就业影响的实证研究/ 67

第一节 模型设定与变量说明/68

第二节 基准回归结果/70

一、基准回归/70

二、自动化资本偏向型技术进步对就业结构的影响/71

三、异质性分析/72

第三节　稳健性检验/77

第四节　内生性检验/79

第五节　机制检验/82

一、就业总量的影响机制检验/82

二、低技能和高技能劳动力就业效应的影响机制检验/85

第六节　行业关联效应检验/87

第七节　进一步讨论/90

一、自动化资本偏向型技术进步与就业总量的非线性关系/91

二、自动化资本偏向型技术进步对高低技能劳动力就业的非线性影响/91

第八节　结论/93

第六章　自动化资本偏向型技术进步对工资影响的实证研究/95

第一节　自动化资本偏向型技术进步对制造业工资水平的影响/95

一、模型设定与变量说明/95

二、基准回归结果/96

三、异质性分析/97

四、机制检验/99

五、稳健性与内生性检验/103

六、行业关联效应检验/106

第二节　自动化资本偏向型技术进步对制造业工资差距的影响/107

一、模型设定以及变量说明/107

二、基准回归结果/109

三、异质性分析/110

四、机制检验/112

五、稳健性与内生性检验/117

六、行业关联效应检验/120

　第三节　结论/121

第七章　案例研究——工业机器人应用对制造业就业和工资的影响/123

　第一节　国内外工业机器人发展概况/123

　　一、工业机器人的起源和发展历程/123

　　二、国内外工业机器人的发展现状/124

　第二节　工业机器人应用与制造业发展/130

　　一、工业机器人应用下制造业的关键生产要素/130

　　二、工业机器人应用下制造业的生产组织方式/130

　第三节　工业机器人应用对中国制造业就业的影响/131

　　一、模型设定与变量说明/131

　　二、描述性统计/132

　　三、基准回归结果/135

　　四、稳健性检验/137

　　五、内生性检验/140

　第四节　结论/142

第八章　结论与对策建议/144

　第一节　主要结论/144

　　一、关于中国制造业技术进步偏向的测度与影响因素/144

　　二、关于制造业自动化资本偏向型技术进步对就业的影响/145

　　三、关于制造业自动化资本偏向型技术进步对工资的影响/146

　　四、制造业自动化资本偏向型技术进步对上下游企业就业和工资的影响/147

　　五、关于工业机器人与制造业就业/148

　第二节　对策建议/148

　第三节　研究展望/152

附录/154

附录 A　数据匹配过程/154

附录 B/156

参考文献/162

第一章 引 言

第一节 选题背景与问题的提出

一、选题背景

保障劳动力充分就业、提高劳动力收入水平以及减小收入差距一直是政府工作的重点,对于中国经济的高质量发展和社会的和谐稳定具有重要意义。中国劳动力人口数量整体呈现逐步增长的态势,2019年劳动力总量高达8.11亿人(如图1.1所示),中国现阶段的就业压力依然很大,就业问题一直是政府的重点工作。尤其是近年来,面对复杂的国际环境和艰巨的国内改革发展任务,中共中央在重要会议中频频强调保障就业的战略举措:2018年7月31日,中共中央政治局会议分析研究当前经济形势,首次提出"六稳"(稳就业、稳金融、稳外贸、稳外资、稳投资、稳预期),"稳就业"位居六稳之首,之后"稳就业"一直成为政府工作的重中之重。2020年4月17日,中共中央政治局会议首次提出"六保"任务,其中"保就业保民生"最为关键。2020年政府工作报告指出,受全球疫情冲击,世界经济严重衰退,就业压力显著加大,需要加大"六稳"工作力度,优先稳就业、保就业民生。2021年政府工作报告同样将加大保就业保民生的支持力度作为重点工作,实施就业优先战略,扩大就业容量,着力提高低收入群体的收入水平。十九大报告在民生方面也强调:"提高就业质量和人民收入水平,要坚持就业优先战略和积极就业政策,实现更高质量和更充分就业,坚持在经济增长的同时实现居民收入同步增长、在劳动生产率提高的同时实现劳动报酬同步提高,缩小收入分配差距。"因此,保障就业稳定、提高劳动力收入水平、缩小收入分配差距,是政府关心、群众关切的重要问题。

资料来源:《中国劳动统计年鉴》。

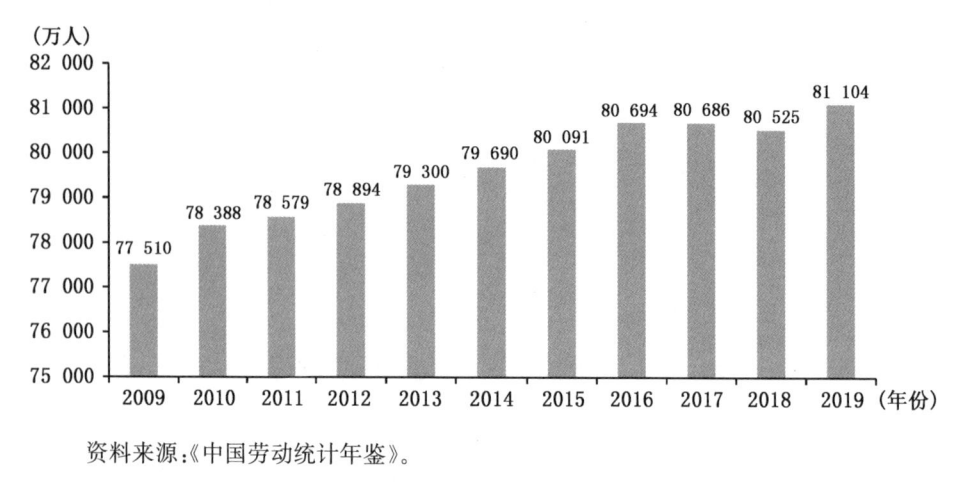

图 1.1　2009—2019 年中国劳动力人口

增加制造业就业规模以及提升制造业劳动力收入水平是解决中国劳动力就业和收入问题的重要途径,面对制造业发展的严峻局势,中国逐步加快制造业技术进步,增加自动化资本投入[①],不断提升制造业自动化水平。制造业不仅是推动中国经济高质量发展的重要引擎,也是吸纳劳动力就业的主要部门之一。保障制造业的就业稳定、促进制造业劳动力收入水平提升、缩小制造业劳动力收入差距,是缓解当前中国巨大就业压力以及提高劳动力收入、降低收入不平等的重要渠道。近年来,基于人口老龄化加剧(如图 1.2 所示)、制造业劳动力用工成本日益上升(如图 1.3 所示)、发达国家的"再工业化"、制造业回流、贸易摩擦加剧以及新冠肺炎在全球蔓延并日趋常态化等因素,中国制造业就业受到严峻考验,面对这种局势,中国自动化资本投入增加,不断提升制造业自动化技术水平。据国际机器人联合会(IFR)数据统计,2012 年至 2020 年中国工业机器人销售额大

---

① 自动化资本是指体现自动化技术的机器设备和电子设备,除自动化资本之外的其他资本是非自动化资本(Decanio,2016;Aum 等,2018)。自动化技术是指机器设备、系统或过程(生产、管理过程)在没有人或较少人的直接参与下,按照人的要求,经过自动检测、信息处理、分析判断、操纵控制,实现预期目标的过程(周献中,2019)。

幅增长(如图1.4所示),从2016年起,中国工业机器人装机量稳居世界第一,2019年装机量高达283.45万台,远远高于排名第二的美国(151.41万台),成为全球最大的工业机器人库存市场。而且,中国机器人的生产数量快速增加,如图1.5所示,2012年中国仅生产了5 673台机器人。截至2020年,中国生产的机器人数量增长了将近42倍,达到237 068台。

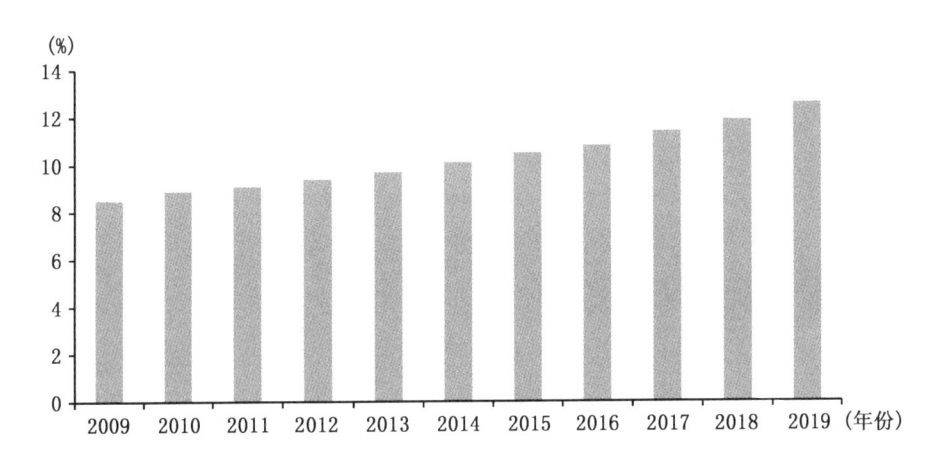

资料来源:《中国劳动统计年鉴》。

图1.2 2009—2019年中国65岁及以上人口占总人口的比重

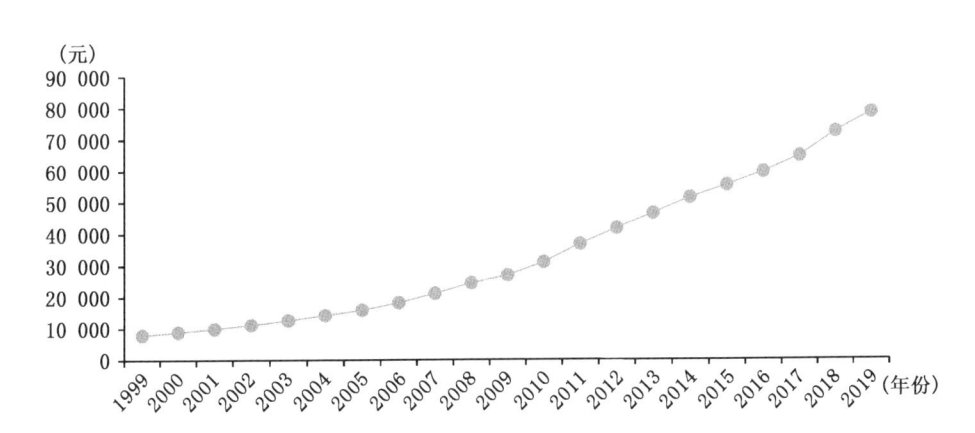

资料来源:《中国劳动统计年鉴》。

图1.3 1999—2019年制造业劳动力平均工资

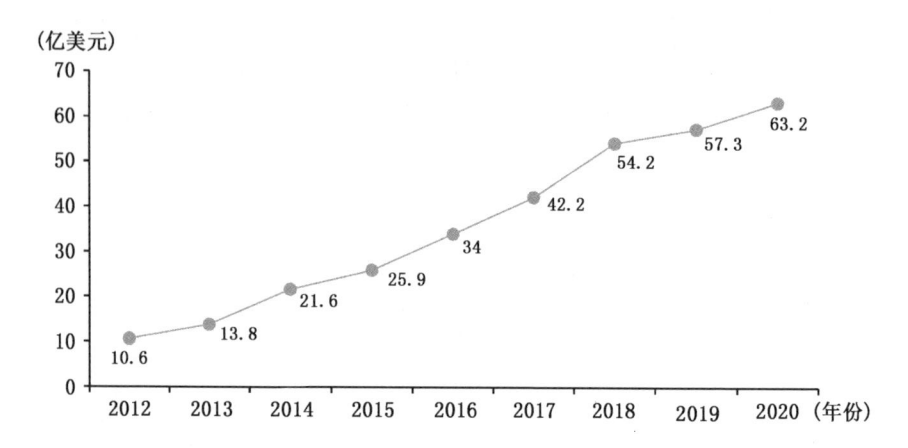

资料来源：国际机器人联合会（International Federation of Robotics）。

图 1.4　2012—2020 年中国工业机器人销售额

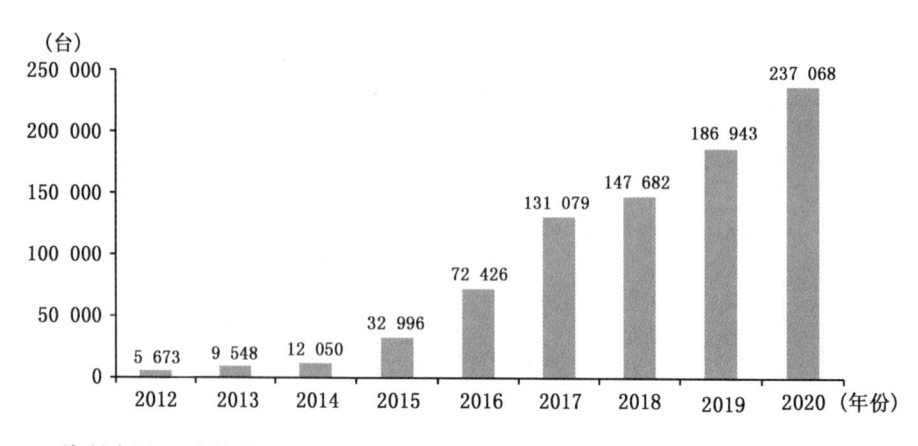

资料来源：国家统计局。

图 1.5　2012—2020 年中国工业机器人产量

中央和地方政府出台一系列政策助力制造业自动化发展。工信部 2013 年发布《关于推进工业机器人产业发展的指导意见》，界定了工业机器人的内涵，指明了工业机器人产业发展的重大意义、目标、主要任务和保障措施。《关于推进工业机器人产业发展的指导意见》指出，工业机器人代表着未来智能装备的走向，推进工业机器人的应用和发展对于促进企业创新、产业转型升级、经济发展方式转变等发挥重要作用。2016 年，为推进中国机器人产业快速健康发展，工信部、国家发改委和财政部联合发布了《机器人产业发展规划(2016—2020年)》。2017年,国务院发布了《新一代人工智能发展规划》,提出人工智能阶段战略目标;工信部发布《促进新一代人工智能产业发展三年行动计划(2018—2020年)》,推动新一代人工智能技术的产业化和集成应用。2018年,中国电子技术标准化研究院发布了《人工智能标准化白皮书(2018版)》,研究制定了能够适应和引导人工智能产业发展的标准体系等,中央和地方政府出台的关于自动化技术的其他相关政策如表1.1和表1.2所示。

表 1.1　　　　中央政府出台的人工智能等自动化技术主要政策

时间	行政机关	政策名称
2013年12月	工信部	《关于推进工业机器人产业发展的指导意见》
2015年5月	国务院	"中国制造2025"
2015年7月	国务院	《国务院关于积极推进"互联网+"行动的指导意见》
2015年8月	国务院	《国务院关于印发促进大数据发展行动纲要的通知》
2016年3月	国务院	《中华人民共和国国民经济和社会发展第十三个五年规划纲要》
2016年4月	工信部、国家发改委、财政部	《机器人产业发展规划(2016—2020年)》
2016年5月	国家发改委、科技部、工信部、网信办	《"互联网+"人工智能三年行动实施方案》
2016年7月	国务院	《"十三五"国家科技创新规划》
2016年8月	国家发改委	《国家发展改革委办公厅关于请组织申报"互联网+"领域创新能力建设专项的通知》
2016年9月	工信部、国家发改委	《智能硬件产业创新发展专项行动(2016—2018年)》
2016年12月	国务院	《"十三五"国家战略性新兴产业发展规划》
2017年3月	国务院	《2017年政府工作报告》
2017年7月	国务院	《新一代人工智能发展规划》
2017年10月		十九大报告
2017年12月	工信部	《促进新一代人工智能产业发展三年行动计划(2018—2020年)》
2017年12月	发改委	《关于推动发展第一批共享经济示范平台的通知》

续表

时间	行政机关	政策名称
2018年1月	中国电子技术标准化研究院	《人工智能标准化白皮书(2018版)》
2018年3月	国务院	《2018年政府工作报告》
2018年4月	教育部	《高等学校人工智能创新行动计划》
2018年4月	工信部、发改委、财政部	《机器人产业发展规划(2016—2020年)》
2018年9月	发改委	《关于发展数字经济稳定并扩大就业的指导意见》
2018年11月	工信部	《新一代人工智能产业创新重点任务揭榜工作方案》
2019年3月	国务院	《2019年政府工作报告》
2019年3月	中央深改委	《关于促进人工智能和实体经济深度融合的指导意见》
2019年6月	科技部	《新一代人工智能治理原则》
2019年8月	科技部	《国家新一代人工智能创新发展试验区建设工作指引》

资料来源:根据公开资料整理。

表1.2 地方政府出台的人工智能等自动化技术主要政策

地区	时间	政策名称
北京	2017年12月	《北京市加快科技创新培育人工智能产业的指导意见》
	2019年11月	《北京促进人工智能与教育融合发展行动计划》
江苏	2018年5月	《江苏省新一代人工智能产业发展实施意见》
	2019年11月	《关于进一步加快智能制造发展的意见》
上海	2017年11月	《关于本市推动新一代人工智能发展的实施意见》
	2019年9月	《关于建设人工智能上海高地 构建一流创新生态的行动方案(2019—2021年)》
山东	2019年8月	《关于大力推进"现代优势产业集群+人工智能"的指导意见》
广东	2018年7月	《广东省新一代人工智能发展规划》
	2018年10月	《广东省新一代人工智能创新发展行动计划(2018—2020年)》
	2019年6月	《深圳市新一代人工智能发展行动计划(2019—2023年)》
湖南	2018年4月	《长沙市关于加快新一代人工智能产业发展推动国家智能制造中心建设的若干政策》
	2019年3月	《湖南省人工智能产业发展三年行动计划(2019—2021年)》
浙江	2017年12月	《浙江省新一代人工智能发展规划》
	2019年2月	《浙江省促进新一代人工智能发展行动计划(2019—2022年)》

续表

地区	时间	政策名称
重庆	2017年11月	《重庆人工智能专项》
	2018年11月	《重庆市智能制造实施方案(2019—2022年)》
天津	2018年5月	《天津市关于加快推进智能科技产业发展的若干政策》
安徽	2018年5月	《安徽省新一代人工智能产业发展规划(2018—2030年)》
河南	2018年4月	《河南省智能制造和工业互联网发展三年行动计划(2018—2020年)》
福建	2018年3月	《关于推动新一代人工智能加快发展的实施意见》
四川	2018年3月	《四川省新一代人工智能发展实施方案(2018—2022)》(征求意见稿)
黑龙江	2018年2月	《黑龙江省人工智能产业三年专项行动计划(2018—2020年)》
河北	2018年2月	《河北省战略性新兴产业发展三年行动计划》
吉林	2017年12月	《吉林省人民政府关于落实新一代人工智能发展规划的实施意见》
辽宁	2018年1月	《关于印发辽宁省新一代人工智能发展规划的通知》
湖北	2017年11月	《关于印发促进人工智能产业发展的若干政策及实施细则的通知》
贵州	2017年10月	《智能贵州发展规划(2017—2020年)》
江西	2017年10月	《关于加快推进人工智能和智能制造发展的若干措施》
广西	2017年5月	《新一代人工智能发展规划的实施意见》

资料来源:根据公开资料整理。

二、问题的提出

近年来,随着自动化技术的迅猛发展,自动化资本的投入不断增加。自2019年底新冠肺炎疫情在全球爆发和蔓延以来,自动化资本和技术在疫情防控、病情诊断、资源调配、信息追踪、企业生产经营等方面发挥了重要的作用,也加速了自动化资本的投入与新技术的变革。但与此同时,以人工智能为代表的自动化技术对劳动力的替代也引发了对就业的担忧,不少文献表明,人工智能等自动化技术对就业的替代效应显著(Bessen,2018;Betsey,2018;Acemoglu 和 Restrepo,2018;曹静和周亚林,2018),且会加剧劳动力市场的工资不平等(Acemoglu 和 Restrepo,2019)。关于技术进步对劳动力市场影响的研究由来已久,早在20世纪上半叶,诸多学者认为技术进步会导致劳动力的需求下降(Keynes,1930;Leontief,1955)。然而,以往的工业化结果表明,技术进步的确造成了小范围的短期失业,引起了劳动力市场的结构性调整,但并未导致大范围长期失业(邓洲和黄娅娜,2019)。实际上,技术进步的作用不是孤立的,而是与各种生产要素耦合的,偏向型技术进步可以表现这种耦合关系(李太龙和朱曼,2016)。技术进步偏向于某种要素,表明技术进步有助于增加这种要素的边际产出,进而影响要素收入分配以及就业(陆雪琴和章上峰,2013)。基于此,以技术进步的偏向型视角考察技术进步对就业的影响更为全面和准确。

随着制造业企业自动化资本投入的增加,需要特别关注制造业技术进步的偏向是否有新的特征。现有文献主要将劳动力进行分类,测度技术进步是偏向于技能还是非技能劳动。而自动化资本的投入引发了"机器替代人"的担忧,因此本书尝试将资本分为自动化资本和非自动化资本(Decanio,2016;Aum等,2018),基于2012—2019年制造业上市企业微观数据,采用超越对数生产函数的随机前沿模型测算出制造业技术进步偏向于自动化资本。本书基于Hicks(1932)以及Acemoglu(2002)的研究,将自动化资本偏向型技术进步界定为促使自动化资本与非自动化资本边际产出之比上升的技术进步。

由于自动化资本偏向型技术进步是智能化、数字化技术的基础,中国目前较多制造业企业的自动化改造尚未完成,亟待推动自动化资本偏向型技术进步,因此需要考虑其影响因素。本书基于Acemoglu(2002)的理论模型,推导出自动化资本偏向型技术进步的影响因素,并采用固定效应模型实证检验了制造业企业推动自动化资本偏向型技术进步的动因。由于保障劳动力就业稳定、促进收入水平提升以及缓解收入不平等是影响经济高质量发展和社会和谐稳定的主要因素,是政府和民众关心的重要问题,考虑到工资是收入的主要组成部分,提高工资水平是增加劳动力收入的重要途径,因此需要重点研究自动化资本偏向型技术进步对就业、工资水平和工资差距的影响及其影响机制。本书基于Acemoglu和Restrepo(2018)的研究,引入任务模型(task-based model),理论分析并实证检验了制造业自动化资本偏向型技术进步对就业和工资的影响以及渠道。考虑到不同行业之间存在着一定的关联效应,为了系统、全面地捕捉这种技术进步对就业和工资的影响,还需关注制造业本行业的自动化资本偏向型技术进步如何影响上下游企业的就业和工资。本书借鉴诸竹君等(2020)的做法,采用投入产出表,通过构建制造业上下游企业自动化资本偏向型技术进步指数,考察了制造业上游(下游)企业自动化资本偏向型技术进步对下游(上游)企业劳动力需求、工资和工资差距的影响以及机制。

第二节 研究意义

一、理论意义

第一,本书将资本分为自动化资本和非自动化资本,将偏向型技术进步分为自动化资本偏向型技术进步和非自动化资本偏向型技术进步,丰富了偏向型技术进步的内涵和类型。第二,本书在 Acemoglu(2002)模型基础上加以创新,关注劳动力技能水平的提升,认为代表性消费者的技能水平体现技术进步水平,代表性消费者根据收入最大化原则提升技能水平,基于代表性消费者提供技能劳动力的视角分析自动化资本偏向型技术进步的影响因素。第三,将基于任务的模型(task-based model)引用到偏向型技术进步与就业和工资影响机制的分析。将生产函数设定为一系列任务的函数,而每项任务由资本和劳动力来完成,自动化资本可以替代劳动力,同时产生偏好于高技能劳动力的新任务,有利于分析偏向型技术进步对就业的替代与补偿效应以及对工资水平和工资差距的影响。

二、实践意义

第一,剖析了制造业技术进步偏向的现状,解释了制造业自动化技术发展迅速的原因以及企业推动自动化资本偏向型技术进步的动因,明晰了制造业企业自动化资本偏向型技术进步的异质性,找到促进自动化资本偏向型技术进步的对策。第二,理论分析并实证检验自动化资本偏向型技术进步对制造业就业总量、工资水平和工资差距的影响机制,进而得出自动化资本偏向型技术进步促进制造业高质量就业以及抑制工资不平等的对策建议。第三,考察不同所有制企业、不同区域、不同技术行业的制造业企业资本偏向型技术进步对就业和工资的异质性影响,同时检验了这种技术进步对不同岗位劳动力就业规模的影响,为制定差异化的、符合区域和企业特征、针对不同岗位劳动力的就业和工资政策提供参考。第四,检验政府补助、市场集中度对自动化资本偏向型技术进步与就业关系的影响,有助于优化政府补助的制定、实施和监管流程,进而形成良性竞争的市场,促进劳动力就业和技能提升。第五,选择工业机器人这一自动化资本偏向型技术进步的典型代表进行案例分析,明确了其对制造业关键生产要素、生产组织方式以及就业和工资水平的影响,为制造业应对"机器人换人"趋势提供参考。

第三节　研究内容、研究方法和创新点

一、研究内容

本书基于2012—2019年中国制造业上市企业面板数据,结合随机前沿模型和超越对数生产函数测度出中国制造业技术进步偏向于自动化资本,借鉴Acemoglu(2002)理论模型,推导了制造业技术进步偏向的影响因素,并基于Acemoglu和Restrepo(2018)的研究,理论分析并实证检验了制造业自动化资本偏向型技术进步对就业、工资水平和不同劳动力工资差距的影响及机制。本书主要研究内容如下:

其一,国内外研究现状(第二章)。主要梳理了偏向型技术进步的内涵和类型、影响因素、测算方法,以及自动化资本偏向型技术进步对就业总量、就业结构、工资水平以及工资差距的影响。基于此,本章研究了以下内容:(1)界定了自动化资本偏向型技术进步的内涵。本书借鉴Acemoglu(2002)、Decanio(2016)、Aum(2018)等的研究成果,尝试将资本划分为自动化资本和非自动化资本,基于Hicks(1932)以及Acemoglu(2002)的理念,将资本偏向型技术进步分为自动化资本偏向型技术进步与非自动化资本偏向型技术进步。自动化资本偏向型技术进步可表述为自动化资本与非自动化资本边际产出之比上升,非自动化资本偏向型技术进步可表述为两者边际产出之比下降。(2)选择了制造业技术进步偏向型指数的测度方法。通过比较几种测算方法可知,超越对数生产函数放松了中性技术进步假设和不变规模报酬假设,反映多种要素投入的情况,比较适用于本书。(3)确定了自动化资本偏向型技术进步对就业和工资影响的理论模型。本书采用基于任务的模型(task-based model),因为这种方法可以体现自动化资本偏向型技术进步对低级任务的替代以及对高级别任务的创造,适合研究偏向

于自动化资本的技术进步如何影响就业与工资。

其二,中国制造业技术进步偏向的测度及影响因素研究(第三章)。本章主要研究了以下内容:(1)测度中国制造业技术进步偏向。本章基于2012—2019年中国制造业上市企业面板数据,结合随机前沿模型和超越对数生产函数测度了中国制造业技术进步的偏向。(2)分析制造业技术进步偏向的影响因素。通过借鉴Acemoglu(2002)理论模型,理论推导了制造业技术进步偏向的影响因素,通过模型分析,实证检验了随着自动化资本投入相对增加,是否促进了制造业自动化资本偏向型技术进步。同时探讨了不同类型所有制、不同区域、不同技术类型、不同要素密集型的制造业企业的自动化资本投入增加对自动化资本偏向型技术进步的异质性影响,也考察了上游(下游)制造业企业自动化资本投入增加对下游(上游)这种技术进步的影响以及渠道。(3)从短期和长期视角剖析了制造业企业推动自动化资本偏向型技术进步的动因。

其三,制造业自动化资本偏向型技术进步对就业和工资影响的理论研究(第四章)。本章基于Acemoglu和Restrepo(2018)的研究,引入基于任务的模型(task-based model)分析制造业自动化资本偏向型技术进步对就业和工资的影响。本章主要的研究内容如下:(1)研究制造业自动化资本偏向型技术进步对就业总量的影响及渠道。分析自动化资本偏向型技术进步通过替代低级别的工作任务,创造高级别的工作任务,产生产出规模和生产率效应,进而影响就业。(2)研究制造业自动化资本偏向型技术进步对劳动力工资水平的影响及机制。推导自动化资本偏向型技术进步通过对低技能劳动力的破坏效应、对高技能劳动力的创造效应以及生产率提升效应,从而影响工资水平。(3)研究制造业自动化资本偏向型技术进步对不同劳动力工资差距的影响及途径。推导这种技术进步通过替代低技能劳动力、补偿高技能劳动力,以及这种技术进步与劳动力技能的不匹配加剧,会拉大高低技能劳动力的工资差距。

其四,制造业自动化资本偏向型技术进步对就业影响的实证研究(第五章)。本章基于Acemoglu和Restrepo(2018)的任务模型(task-based model)和第四章理论研究,实证检验了制造业自动化资本偏向型技术进步对就业的影响和机制,研究内容有以下几个方面:(1)检验了制造业自动化资本偏向型技术进步对就业总量的影响,并将就业总量分解为高、低技能劳动力,研究这种技术进步对这两种劳动力就业的影响。从长期视角考察了制造业的技术进步是否对就业总量、高低技能劳动力就业有非线性影响。(2)分析了不同类型所有制、不同区域、不同技术类型的制造业企业的自动化资本偏向型技术进步对就业的异质性影响。通过将制造业企业岗位进行更加细致的划分，研究制造业自动化资本偏向型技术进步对不同岗位劳动力需求的影响。(3)实证研究了制造业自动化资本偏向型技术进步对就业的影响机制，主要包括产出规模效应和生产率效应。(4)考察了政府补助、企业市场集中度是否会影响自动化资本偏向型技术进步对高低技能劳动力需求的效应。(5)探究了制造业企业自动化资本偏向型技术进步对其上下游企业就业总量以及高低技能劳动力就业的影响以及渠道。

其五，制造业自动化资本偏向型技术进步对工资影响的实证研究(第六章)。本章同样基于 Acemoglu 和 Restrepo(2018)的任务模型和第四章理论研究，实证检验了制造业自动化资本偏向型技术进步对工资水平和工资差距的影响和机制，研究内容有以下几个方面：(1)检验了制造业自动化资本偏向型技术进步对工资水平和工资差距的影响。分析了不同类型所有制、不同区域、不同技术类型制造业企业的自动化资本偏向型技术进步对工资水平和工资差距的异质性影响。(2)考察了制造业自动化资本偏向型技术进步对工资水平和工资差距的影响机制，并检验了低技能劳动力的就业破坏、高技能劳动力的就业创造、生产率效应是否是制造业自动化资本偏向型技术进步对工资水平的影响渠道，以及检验低技能劳动力就业破坏、高技能劳动力就业创造以及技术进步与劳动力的技能不匹配是否制造业自动化资本偏向型技术进步影响高低技能劳动力工资差距拉大的机制。(3)研究制造业上游(下游)企业自动化资本偏向型技术进步水平如何影响下游(上游)制造业企业劳动力的工资水平和工资差距。

其六，案例研究——工业机器人应用与制造业就业(第七章)。本章梳理了工业机器人的起源和发展历程，分析了"三代工业机器人"的产生背景和特征，并根据 1993—2019 年国际机器人联合会(IFR)数据阐述了国内外工业机器人的发展现状，主要研究了以下内容：(1)工业机器人对制造业的影响。包括对核心生产要素和生产组织方式的影响。(2)工业机器人应用对制造业就业和工资水平的影响。本书通过采用 2006—2019 年 IFR 中国工业机器人应用数据，将 IFR 的制造业行业与我国国民经济行业分类与代码(GB/4754-2011)相匹配，考察了工业机器人应用对中国制造业就业和工资水平的影响,以及对制造业不同要素密集度行业劳动力需求和平均工资的异质性影响。

其七,结论与对策建议(第八章)。本章对全文的主要结论进行总结,从政府、企业和劳动力角度,为应对"机器换人"趋势、缓解自动化资本偏向型技术进步对就业总量和结构冲击、抑制高低技能劳动力工资差距扩大以及促进劳动力工资水平提升和高质量就业,并提出以下对策建议:鼓励和支持自动化资本的投入,大力推动自动化资本偏向型技术进步;充分发挥自动化资本偏向型技术进步对就业结构性升级的倒逼效应,提升低技能劳动力的技能水平以及大力培育高技能劳动力,加强自动化资本偏向型技术进步与劳动力的技能匹配,缩小不同技能劳动力的收入差距;政府需要根据不同区域、不同类型企业的技术进步特点,制定差异化的技术与就业和工资政策;完善政府补助政策的制定、实施和监管流程,提高企业使用补贴的透明度,释放政府补助对就业和工资水平的促进作用;政府应充分发挥自动化资本偏向型技术进步的生产率效应和产出规模效应,切实推动就业的高质量发展。

二、基本思路

本书研究的基本思路是:首先提出问题,其次是对国内外研究现状的梳理和文献综述,随后测度制造业技术进步偏向,接着是制造业自动化资本偏向型技术进步对就业和工资影响的理论研究,然后对前文的理论研究进行实证检验,并通过案例分析强化实证研究的结论,最后总结全文并提出对策建议。本书的基本框架如图 1.6 所示。

三、研究方法

本书主要采用理论分析和实证分析相结合的方法。

第一,理论分析方法。本书通过梳理关于偏向型技术进步大量的经典文献,对自动化资本偏向型技术进步的内涵进行界定,并构建超越对数生产函数形式的随机前沿模型,推导出偏向型技术进步指数表达式。基于 Acemoglu(2002)理论模型,推导了制造业自动化资本偏向型技术进步的影响因素包含价格效应和市场规模效应,以及这两种效应的影响机制。本书借鉴 Acemoglu 和 Restrepo

```
提出问题  →  第一章：引言
              （选题背景、研究意义、研究内容、研究方法、创新点）

理论基础  →  第二章：国内外研究现状与文献综述
              （自动化资本偏向型技术进步的内涵、影响因素、测算方法；自动
              化资本偏向型技术进步对就业、工资水平和工资差距的影响及机制）

机制与    →  第三章：中国制造业技术进步偏向的测度及影响因素研究
实证研究      第四章：自动化资本偏向型技术进步对就业和工资影响的理论研究
              第五章：自动化资本偏向型技术进步对就业影响的实证研究
              第六章：自动化资本偏向型技术进步对工资影响的实证研究
              第七章：案例研究——工业机器人应用对制造业就业和工资的影响

政策结论  →  第八章：结论与对策建议
```

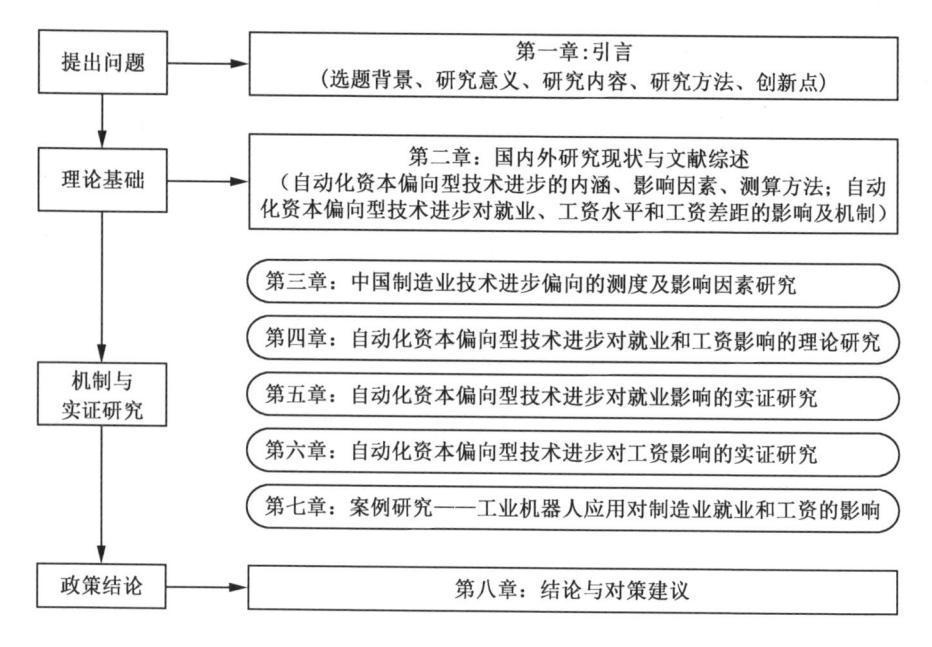

图 1.6 本书框架

(2018)基于任务的模型，剖析了制造业自动化资本偏向型技术进步对就业总量、工资水平和工资差距的影响机制。此外，本书采用了案例分析法，将工业机器人作为这种技术进步的典型代表，梳理工业机器人国内外发展现状，并阐述工业机器人对制造业就业和工资的影响。

第二，实证分析方法。本书根据所使用数据的特征以及研究问题的需要，采用了多种实证分析方法。在测算制造业技术进步偏向型指数时采用了面板随机前沿模型，在研究制造业自动化资本偏向型技术进步对制造业就业影响机制时选择了中介效应方法以及面板门槛模型，在测算制造业企业全要素生产率时采用了 OP 半参数方法，在考察制造业上游（下游）企业自动化资本偏向型技术进步对下游（上游）企业就业影响时采用了投入产出分析方法。本书还用了其他计量方法，如面板固定效应模型、最优 GMM 估计方法、两阶段最小二乘法、Bartik 工具变量法、变系数模型（VCM）、安慰剂检验等多种估计方法。

四、可能的创新点

本书的创新点表现在以下几个方面：

第一，丰富了偏向型技术进步的内涵，深化了对中国制造业技术进步方向的认识。现有文献主要将劳动力进行分类，测度技术进步是偏向于技能劳动还是非技能劳动。但较少有文献从技术进步偏向于不同类型资本的角度分析对就业和工资的影响。而新技术的涌现，尤其是工业机器人的出现引发了"机器替代人"的担忧，因此本书尝试将资本分为自动化资本和非自动化资本（Decanio，2016；Aum 等，2018），测度制造业技术进步偏向于自动化资本。

第二，基于新视角分析了自动化资本偏向型技术进步的影响因素。本书在 Acemoglu（2002）模型基础上创新，关注劳动力技能水平的提升，认为代表性消费者的技能水平体现了技术进步水平，代表性消费者根据收入最大化原则提升技能水平。基于代表性消费者提供技能劳动力的新视角分析自动化资本偏向型技术进步的影响因素，包括价格效应和市场规模效应，其中市场规模效应和价格效应中谁起主导作用，取决于自动化资本与非自动化资本的要素替代弹性。最终证明了无论要素替代弹性大于或小于 1，制造业自动化资本投入相对增加，都会促使技术进步偏向于自动化资本。

第三，丰富了自动化技术以及偏向型技术进步对就业和工资的影响机制分析。本书在 Acemoglu 和 Restrepo（2018）的 task-based model 基础上创新，基于自动化资本偏向型技术进步替代低级别的工作任务以及产生新的更高级别的工作任务，从而将自动化资本偏向型技术进步对就业总量的影响进行结构分解，识别了自动化资本偏向型技术进步对高低技能劳动力需求的效应，且深入分析了自动化资本偏向型技术进步对就业总量、工资水平和工资差距的影响渠道。本书进一步深入分析了影响低技能劳动力就业破坏与高技能劳动力就业创造的主要因素，基于宋凌云和王贤彬（2013）、Colombo 等（2013）、张杰等（2015）、董直庆和王辉（2018）的研究，探讨了政府补助以及行业市场集中度如何影响自动化资本偏向型技术进步对高低技能劳动力需求的效应。

第四，目前考察制造业自动化技术进步对其上下游行业劳动力需求和工资的影响以及机制的研究不多。本书基于投入产出表，构建制造业上下游自动化资本偏向型技术进步指数，检验了制造业上游（下游）企业自动化资本偏向型技术进步对下游（上游）就业、工资水平和工资差距的影响以及机制，从而全面和系统地探究这种技术进步的就业和工资效应。

第五,目前关于偏向型技术进步对就业影响的实证研究样本多为地区和行业数据,样本颗粒度较大,本书提供了企业层面的证据,微观数据有助于捕捉不同制造业企业自动化资本偏向型技术进步的异质性特征,从而进一步研究对不同制造业企业劳动力需求和工资的差异性影响,可以为政策制定提供准确可靠的依据。

第二章 国内外研究现状与文献综述

想要研究制造业自动化资本偏向型技术进步对就业和工资的影响,首先,有必要界定自动化资本偏向型技术进步的内涵,但已有研究只是将劳动力划分为技能劳动力和非技能劳动力,阐释了技能偏向型技术进步和非技能偏向型技术进步的含义。因此本章基于偏向型技术进步以及技能偏向型技术进步的定义,对自动化资本偏向型技术进步这一概念进行界定。其次,梳理和比较已有关于偏向型技术进步的几种测度方法,需要结合本书的研究目的和数据可获性,选择最合适的测算方法。再次,回顾关于偏向型技术进步主要影响因素的研究,需要总结出哪些因素可能影响自动化资本偏向型技术进步。最后,由于本书考察制造业自动化资本偏向型技术进步对就业总量、工资水平和工资差距的影响及机制,需要根据国内外相关理论和实证研究,选择合适的理论模型、实证数据和方法。基于此,本章对自动化资本偏向型技术进步的概念、测度方法和影响因素以及这种技术进步对就业、工资的影响和机制作了文献梳理和综述。

第一节 偏向型技术进步

一、偏向型技术进步的内涵

技术进步偏向的思想最早由希克斯(Hicks)提出,Hicks(1932)将技术进步分为资本偏向型、劳动偏向型以及中性。其中,资本偏向型技术进步指技术进步使得资本与劳动的边际产出之比上升;如果两者之比下降,则为劳动偏向型技进步；如果两者比例不变，则为中性技术进步。而 Acemoglu(2002)将要素进行细致划分，拓展了偏向型技术进步的概念，他把劳动要素分为技能劳动和非技能劳动，认为如果技术进步促使技能劳动与非技能劳动的边际产出之比上升，则技术进步偏向于技能劳动；如果这一比例下降，则技术进步偏向于非技能劳动。技能偏向型技术进步这可以用来解释 20 世纪下半叶特别是 1970 年后技能劳动力需求增长、技能溢价以及设备资本品价格下降的现象(宋冬林等，2010；王林辉等，2014；陈勇和柏喆，2018)。

二、偏向型技术进步的影响因素

其一，生产要素相对价格。关于偏向型技术进步的影响因素方面，Hicks(1932)认为技术进步偏向于价格较高的生产要素。受到 Hicks 思想的启发，Habakkuk(1962)通过研究发现，由于越稀缺的生产要素价格越高，因此技术进步偏向于较为稀缺的要素。

其二，创新可能性边界。Kennedy(1964)没有将技术进步偏向的影响因素聚焦于要素相对价格，认为技术进步偏向于哪种要素取决于哪种要素节约效应更大。技术进步有助于节约劳动和资本要素，这两种要素的节约量存在一定关系，即"创新可能性边界"，技术进步的偏向受到"创新可能性边界"的约束。

其三，价格效应与市场规模效应。Acemoglu(2002)在早期研究的基础上，加入微观企业主体，将技术垄断厂商纳入理论模型。认为技术垄断厂商根据利润最大化原则生产设备，设备的技术水平体现技术进步水平，技术研发厂商选择什么技术水平的设备是根据购买设备企业的需求来决定，如果生产与技能劳动相匹配的机器比生产与非技能劳动匹配的机器利润更大，技术研发厂商就会选择生产与技能劳动相匹配的机器，这会导致技术进步偏向于技能劳动力；反之，技术进步会偏向于非技能劳动力。偏向型技术进步的影响因素是价格效应和市场规模效应。价格效应是指技术垄断厂商有更大的动力开发和采用能生产更昂贵产品的技术；而市场规模效应是指技术垄断厂商有更大的动力开发和采用某种技术使得生产的产品能拥有更大的市场规模。最终哪种效应占据主导地位，取决于两种要素之间的替代弹性；如果替代弹性大于 1，则市场规模效应发挥主导作用；如果替代弹性小于 1，则价格效应起主导作用；若替代弹性等于 1，则技术进步是中性的。基于价格效应和市场规模效应,很多文献研究了国际贸易、外包、市场化、政策等因素对技术进步偏向的影响(Aghion 等,2011;陈欢和王燕,2015)。

三、偏向型技术进步的测算方法

已有文献关于偏向型技术进步的测算方法有以下几种:

(一)常替代弹性(CES)生产函数

采用 CES 生产函数估计偏向型技术进步水平的研究始于 20 世纪 60 年代,Acemoglu(2002)将微观企业纳入理论模型,使得 CES 生产函数具有了微观经济基础,因此 CES 生产函数不仅可以测算行业、区域等宏观层面的偏向型技术进步水平,还可以测度微观企业层面的偏向型技术进步水平。国内外较多研究采用 CES 以及包含多要素投入的双层嵌套 CES 生产函数测算技术进步偏向型指数(戴天仕和徐现祥,2010;陆雪琴和章上峰,2013;陈宇峰等,2013;王林辉等,2014;董直庆和赵景,2017;潘文卿等,2017),它是要素增强型技术进步项和要素替代弹性的表达式,其中要素替代弹性的估计非常关键,已有研究主要采用 Kmenta 近似方法(Leon-Ledesma 等,2010)以及贝叶斯方法(王林辉等,2014)。但 CES 生产函数有一定的不足之处,其要求总体经济的技术进步应为要素增强型技术进步,而且生产函数中的投资率和生产结构参数必须满足具有严格收敛速度的假设。

(二)标准化供给面系统法

Grandville(1989)和 Klump(2000)最早提出标准化供给面系统法,Klump 等(2007)研究发现,用 CES 生产函数测算偏向型技术进步指数不稳健,由于采用标准化供给面系统法构建的生产函数更具有弹性,因此估计的要素替代弹性和偏向型技术进步指数更为准确。近年来,国内较多研究开始采用此方法测算技术进步的偏向型(陈晓玲,2015;王林辉和袁礼,2018)。然而,这种方法只适用于测算要素增强型技术进步,且只针对长期宏观样本,不能测算单个年度和企业的偏向型技术进步指数。

(三)超越对数生产函数

超越对数生产函数起源于 20 世纪 70 年代,Kmenta(1967)基于二阶泰勒展式将CES生产函数进行对数线性化,Griliches和Ringstad(1971)在此研究基础上进一步优化,超越对数生产函数由此产生。超越对数生产函数可采用线性模型方法估计,在估计过程中只需要各要素投入数据以及总产出数据,因此比较容易估计。该函数具有较好的包容性,对函数的形式没有做严格的限定,可以是任意函数的二阶泰勒近似;对要素替代弹性、产出弹性等参数没有任何限制,可以包含中性和有偏的技术进步。尤其是在多要素投入的方面,超越对数生产函数具有明显优势,而且可以考察不同要素的替代弹性以及要素之间的相互作用。基于上述特点,诸多文献采用超越对数生产函数估计要素替代弹性以及测算技术进步偏向型指数,尤其是在函数是多要素投入以及包含中性和偏向型多种技术进步类型的情况下,更适合采用超越对数生产函数进行测度(王志刚等,2006;张月玲等,2015)。

第二节 自动化资本偏向型技术进步对就业和工资的影响

关于偏向型技术进步对就业和工资影响的研究可追溯到20世纪后半叶,主要聚焦于技能偏向型技术进步,这些研究认为其促使一些国家技能劳动力相比非技能劳动力的需求不断增加,导致劳动力市场就业分化,同时技能劳动收入呈上升趋势,技能与非技能劳动力的工资差距扩大(Bound和Johnson,1992;Acemoglu,2002)。中国学者多从资本以及技能偏向型技术进步的角度研究技术进步对劳动力市场的影响,认为中国的技术进步偏向于资本,会对劳动力就业产生挤出效应(王光栋,2014;钟世川,2015),尤其会对低技能劳动力产生破坏作用(刘国晖等,2016),技能偏向型技术进步会导致高低技能劳动者收入差距逐渐增大(宋冬林等,2010;王林辉等,2014)。本书的测度结果表明,中国制造业的技术进步偏向于自动化资本,所以需要从自动化资本偏向型技术进步的角度考察对就业和工资的影响,然而这一主题的研究颇少。鉴于这种技术进步基于自动化技术,且当前的自动化技术更趋于智能化,机器人可作为自动化技术的典型代表,因此本书结合自动化技术、机器人对就业影响的文献,借鉴任务模型梳理自动化资本偏向型技术进步对就业和工资的作用。

一、自动化资本偏向型技术进步对就业总量的影响

大量研究表明,自动化资本偏向型技术进步会对就业总量有替代效应。Frey 和 Osborne(2015)认为,智能机器人将会替代中国 77%、印度 69%、埃塞俄比亚 85%、乌兹别克斯坦 55%、美国 47%的就业岗位。据世界银行估计,在 OECD 国家中有 57%的工作可能在未来 20 年内被机器替代,发展中国家可能既受到本国自动化技术对劳动力替代的影响,又受到发达国家制造业外包回缩的影响,未来就业恶化的风险将远高于发达国家。部分学者结合中国的数据,发现机器人对就业有显著的负面效应(王林辉等,2020;闫雪凌等,2020)。自动化资本偏向型技术进步基于自动化、智能化的机器设备和电子设备,与较多岗位的劳动力相比有一定的成本和效率优势,从而产生对这些岗位的劳动力的替代,而且企业投资自动化资本需要大量的资金,会带来显著的成本效应,导致短期内产出规模下降,从而降低劳动力需求(Autor 等,2003;Acemoglu 和 Restrepo,2018,2019)。

然而,不少学者认为自动化资本偏向型技术进步对就业总量的补偿效应可缓解替代效应。Acemoglu 和 Restrepo(2019)基于任务模型,提出自动化技术在减少就业的同时会通过创造新的工作任务,衍生出新的就业机会(如算法开发师、训机师、智能设备维护、数据标注师等),也会节约企业劳动力成本,提高生产率,基于溢出效应扩大本行业和其他行业的生产规模,进而对就业总量有一定的补偿效应。因此,自动化资本偏向型技术进步对就业的影响受到替代效应和补偿效应的综合作用(Aghion 等,2017;Bessen,2018;Trajtenberg,2018;蔡跃洲,2019)。工业机器人与劳动力之间的替代效应更多的是一种互补式替代效应;劳动力供给短缺会倒逼工业企业推动科技创新,促使其更多地应用智能化生产来弥补劳动力供给短缺所带来的负面影响(宋旭光和左马华青,2019)。

随着深度认知学习、图像识别、触觉感知等技术在自动化领域的广泛应用,智能机器人的灵活度、精密度和智能度得到较大的提升,自动化资本偏向型技术进步能够替代更复杂的岗位,完成超出人类体力和认知范围的任务(邓洲和黄娅娜,2019;闫雪凌等,2020),因此对就业岗位的替代效应更大。针对中国制造业而言,因其中低技能劳动力比重较大,且这些劳动力所执行的任务复杂度较低、

可重复性较高,因此制造业的劳动力更容易被机器所替代(闫雪凌等,2020)。此外,由于制造业上下游具有关联效应,上游(下游)的自动化资本偏向型技术进步会通过产业链传导以及技术溢出效应推动下游(上游)的这种技术进步,进而也会对下游(上游)的劳动力产生替代效应。

已有关于自动化资本偏向型技术进步对就业影响机制的研究表明,自动化资本偏向型技术进步会替代低级别的工作任务,产生新兴的或者高级别的复杂任务,引起企业生产率和产出规模变化,进而影响就业(Acemoglu 和 Restrepo,2019;Dauth 等,2017)。(1)生产率效应。自动化资本偏向型技术进步基于自动化、智能化的机器设备和电子设备,可以替代低级别的工作任务,与执行此类型任务的劳动力相比,这些自动化资本执行任务不受时间限制、严格按照程序设定,更高质量、更有效率地完成既定任务,因此自动化资本更加有效率优势,会提高企业生产效率(Acemoglu 和 Restrepo,2019;蔡啸和黄旭美,2019;杨光和侯钰,2020)。同时,自动化资本偏向型技术进步还会创造高级别的工作任务,这些任务通过与高技能劳动力匹配,会释放自动化资本偏向型技术进步的生产效率(Autor 等,2003)。然而,企业生产率的提高意味着劳动力的生产效率相应提升,企业为了节约劳动力成本,会缩小就业规模;而且随着自动化技术更为智能化,其所具有的生产率优势,不仅能够替代简单、重复的体力劳动岗位(如搬运、传输、焊接和激光加工等),还能执行中等复杂程度且重复的脑力任务(例如自动翻译、无人驾驶、智能化工厂管理、语音和图像识别等),未来甚至能对复杂的、有创造性的脑力劳动岗位造成冲击。(2)产出规模效应。由于自动化资本偏向型技术进步会替代低级别任务以及创造新的、高级别的任务,为了适应这种技术进步,企业推动自动化资本偏向型技术进步初期不仅需要投入价格高昂的自动化资本,还需提升劳动力技能水平以及招聘、培育能胜任高级别任务的高技能劳动力,加大与自动化资本偏向型技术进步相匹配的人力资本的投入,使得短期内企业成本压力较大,抑制企业产出规模的扩大,导致对企业劳动力需求产生挤出效应。但当企业自动化资本偏向型技术进步提升到一定水平,会增强企业的盈利能力,刺激企业扩大产出规模,从而加大对劳动力的需求(Graetz 和 Michaels,2018;Dixon 等,2019;谢萌萌等,2019)。而且随着自动化资本偏向型技术进步的发展,通过替代低级别工作任务,有利于企业节约生产经营成本,带来产出规模扩张效应,引起企业就业岗位的增加。同时,这种成本节约效应还会降低企业产成品价格,提高了消费者的实际收入,刺激消费者的需求,致使企业扩大产出规模,进一步增加就业岗位(王永钦和董雯,2020)。

二、自动化资本偏向型技术进步对就业结构的影响

诸多研究认为,自动化技术对就业的影响主要体现在结构冲击上(Korinek 和 Stiglitz,2017;Bessen,2018;Betsey,2018)。相比高技能劳动力,低技能劳动力执行的任务较为简单、重复性高,更容易被自动化资本所替代(Acemoglu 和 Restrepo,2018)。与低技能劳动力相比,自动化资本可以大幅提高生产效率,同时企业投资自动化资本会带来显著的成本效应,可能导致短期内产出规模下降,因此企业自动化资本偏向型技术进步初期会对低技能劳动力造成破坏效应。而且,自动化技术变革广泛且迅速,制度和管理的进步较为缓慢,教育更为滞后,因此随着自动化技术进步的深化,其对学历较低的低技能劳动力的替代效应更大(邓洲和黄娅娜,2019)。

随着自动化、人工智能等新技术的发展,自动化资本偏向型技术进步创造了复杂的、难以被机器替代的任务,提高了企业的生产效率,必须匹配更高技能水平的劳动力,这意味着自动化、智能化研发设计、设备制造和应用等领域的高技能就业岗位增加。例如,在应用层面,每 10 台大型智能机器人就需要 1 名人工智能工程师,而小型机器人需要的工程师数量则更多;目前,全球有近 150 万台智能机器人投入使用,替代了约 15 万名人工智能工程师的工作(邓洲和黄娅娜,2019)。

三、自动化资本偏向型技术进步对工资的影响

较多的文献关注自动化资本偏向型技术进步对工资水平的影响。Dauth 等(2017)、Graetz 和 Michaels(2018)基于微观劳动力数据研究发现,自动化技术会提高所有工人的平均工资。关于自动化资本偏向型技术进步对工资水平的影响机制,Trajtenberg(2018)认为,如果自动化技术进步属于"劳动增强型",那么这种技术进步会促进劳动力技能水平提升以及提高劳动力的生产率,从而提高工资水平。Acemoglu 和 Restrepo(2019)认为,自动化技术进步因其替代了具有较

高成本的劳动力,可以节约成本,提升企业的产出效率,有利于企业扩大生产规模,进而增加自动化和非自动化岗位的劳动需求,提高劳动力的收入水平。由于自动化技术对低技能劳动力产生明显的替代效应,市场中剩余劳动力的工资水平会有一定程度的上升;且这种技术进步会提高企业生产率,从而降低要素价格和产品价格,会相对提高劳动力的实际工资水平;同时,自动化技术会催生与其相匹配的高技能劳动力的需求,而这种劳动力的议价能力较强,势必要求更高的工资(Dauth,2017;Graetz 和 Michaels,2018)。除此以外,上游(下游)的自动化资本偏向型技术进步也会通过关联效应以及技术溢出效应推动下游(上游)的这种技术进步,提高下游(上游)劳动力技能水平以及劳动力生产率,节约下游(上游)劳动力成本,扩大下游(上游)行业产出规模,对下游(上游)低技能劳动力产生破坏效应,对高技能劳动力产生创造效应,进而提升下游(上游)劳动力的工资水平。

已有研究发现,自动化资本偏向型技术进步会加剧工资不平等。这种技术进步在冲击就业结构的同时,必然会显著影响要素收入分配,加剧分配不平等。随着劳动报酬下降,自动化资本回报不断上升,使得资本收入份额逐步增加,且更多的收入向自动化相关的资本所有者聚集(Decanio,2016)。Acemoglu 等(2018、2019)通过构建基于任务的模型,认为对于复杂任务而言,高技能劳动力具有比较优势,自动化等新技术会替代低级任务,同时产生偏向于高技能劳动力的复杂任务,基于替代效应、创造效应、组合效应和生产率效应会增加高技能劳动力的岗位需求,减小低技能劳动力的需求,从而提升高技能劳动力的工资水平,削减低技能劳动力工资,进而导致高低技能劳动力工资差距拉大(Dauth 等,2017;Graetz 和 Michaels,2018)。此外,自动化资本偏向型技术进步对工资不平等存在阶段性差异和地区差异(Acemoglu 和 Restrepo,2016;邓翔,2019)。

第三节 文献评述

一、自动化资本偏向型技术进步的内涵

随着制造业企业自动化资本投入的增加,需要特别关注制造业技术进步的

偏向是否有新的特征。现有文献主要将劳动力进行分类，测度技术进步是偏向于技能劳动还是非技能劳动，并将技能偏向型技术进步界定为技术进步使得技能劳动与非技能劳动的边际产出之比上升，将非技能偏向型技术进步界定为技术进步使得两种劳动力的边际产出之比下降(Hicks,1932;Autor 等,1998;Acemoglu,2002)。当前，工业机器人等自动化资本的投入引发了"机器替代人"的担忧，因此本书尝试将资本分为自动化资本和非自动化资本(Decanio,2016;Aum 等,2018)。基于 Hicks(1932)以及 Acemoglu(2002)的研究，将资本偏向型技术进步分为自动化资本偏向型技术进步与非自动化资本偏向型技术进步。自动化资本偏向型技术进步可表述为，技术进步促使自动化资本与非自动化资本边际产出之比上升；非自动化资本偏向型技术进步可表述为，技术进步致使自动化资本与非自动化资本边际产出之比下降。

二、自动化资本偏向型技术进步的测度方法

对比 CES 生产函数法、标准化供给面系统法以及超越对数生产函数法，超越对数生产函数具有以下优点：一是形式最为灵活，对技术进步类型、生产函数的形式没有严格限定，对要素替代弹性、产出弹性等参数没有任何限制，更加符合经济现实，减少了函数误设导致的偏差；二是包容性最强，可包含中性和偏向型技术进步，可以测度区域、行业、企业等宏微观层面以及长期样本或单个年度的技术进步偏向；三是更适用于多要素投入的情况，此时采用超越对数生产函数测度更为简单。基于此，本书采用超越对数生产函数测算自动化资本偏向型技术进步指数(王志刚等,2006；张月玲等,2015)。

三、自动化资本偏向型技术进步对就业和工资的影响机制

（一）模型设定

已有文献关于模型的设定，绝大多数采用 CES 函数，将资本和劳动力进行分类，并将所有生产要素全部纳入 CES 生产函数模型，通过构建自动化资本偏向型技术进步指数与就业和工资的关系式，进一步研究其影响机制。也有部分文献基于任务的模型，研究人工智能等自动化技术对劳动力需求和工资的影响，此模型由 Zeira(1998)创建，Acemoglu 和 Autor(2011)、Aghion 等(2017)、Acemoglu 和 Restrepo(2018,2019)等人结合自动化特点进行了拓展。此模型将经济社会中的生产活动抽象为工作任务。模型中包含低级别任务、高级别任务以及任务质量范围。模型将自动化资本作为生产低级别任务的投入要素,这种任务可以由劳动力或自动化资本来完成,然而高级别的任务只能由具有比较优势的劳动力完成。自动化资本偏向型技术进步通过影响低级别和高级别任务,进一步影响就业。本书主要采用基于任务的模型,原因如下:这一模型关注技术进步对工作任务的改变,可以体现任务质量的升级以及新技术对低级别任务的替代与高级别任务的创造,适合研究偏向于自动化资本的技术进步如何影响就业与工资。此外,它假设劳动力与自动化资本相比具有比较优势,同时将劳动力区分为高技能劳动力和低技能劳动力,可以设定不同劳动力执行不同类型的任务,便于研究自动化资本偏向型技术进步对工资差距影响的机制。

(二)机制梳理

综观现有文献,自动化资本偏向型技术进步的影响因素包括要素价格(Hicks,1932;Habakkuk,1962)、创新可能性边界(Kennedy,1964)、市场规模效应和价格效应(Acemoglu,2002)、对外开放(Acemoglu,2017)、产生新任务的技术(Acemoglu,2018、2019)、国际贸易和外包(Acemoglu,2019)、人口结构(Acemoglu,2018)、技能的异质性(Acemoglu,2018)、劳动力成本(Cheng 等,2019)、需求弹性(Bessen,2018)。自动化资本偏向型技术进步主要通过生产率效应(Acemoglu 和 Restrepo,2019;蔡啸和黄旭美,2019;杨光和侯钰,2020;王永钦和董雯,2020)、市场规模效应(Graetz 和 Michaels,2018;Dixon 等,2019;谢萌萌等,2019)、破坏效应(王永钦和董雯,2020)、创造效应(Acemoglu 和 Restrepo,2019)、行业间资源重新配置效应(Acemoglu 和 Restrepo,2019)、需求效应(Bessen,2018)、产业结构变化效应(郭凯明,2019)等因素引起就业变动。然而,上述研究主要基于理论机制分析,实证研究主要采用国外数据或宏观数据,关于中国微观数据的实证检验较少。鉴于微观企业数据可以描述制造业企业自动化资本偏向型技术进步的差异,准确捕捉不同制造业企业自动化资本偏向型技术进步对就业和工资影响的异质性特征,有助于提出有针对性、准确和可靠的对策建议,因此本书选择微观数据作为研究样本。

(三)代理变量

自动化资本偏向型技术进步的相关代理变量包括自动化资本偏向型技术进

步指数、自动化机器人相关授权的专利数量(Mann 和 Puttmann,2017)、每个行业使用计算机技术的工人所占的工作时间份额(Bessen,2017)、一个行业常规工作所占的份额(Acemoglu 和 Autor,2011)、工业机器人应用规模等(闫雪凌等,2020;王永钦和董雯,2020)。然而,自动化资本偏向型技术进步指数可以体现技术进步的偏向型特征,反映自动化技术与自动化资本、非自动化资本以及与这两种资本相匹配的劳动力的耦合关系;而其他代理变量主要体现自动化技术,没有描述技术进步的偏向型。因此,本书有必要测算自动化资本偏向型技术进步指数来表征这种技术进步。

第三章 中国制造业技术进步偏向的测度及影响因素研究

通过前文文献梳理可知,超越对数生产函数放松了技术进步中性和规模报酬不变的假设,适合多要素投入的技术进步偏向型研究(王志刚等,2006;张月玲等,2015)。因此,本章第一节采用超越对数生产函数形式的随机前沿模型测算制造业技术进步的偏向。由于本书关注劳动力的就业和工资,因此本章第二节在 Acemoglu(2002)模型基础上进行创新,基于代表性消费者提供技能劳动力的视角分析自动化资本偏向型技术进步的影响因素。该节理论分析和实证检验了自动化资本与非自动化资本投入之比上升是否会促进技术进步偏向于自动化资本。鉴于制造业细分行业之间存在着一定的传导效应,本节检验了制造业上游(下游)行业自动化与非自动化资本投入之比变化对下游(上游)行业自动化资本偏向型技术进步的影响。另外,本章需要解释制造业企业为什么不断增加自动化资本投入、推动自动化资本偏向型技术进步,本节还将探究这种技术进步对全要素生产率、企业绩效和企业生产规模的影响。

第一节 中国制造业技术进步偏向的测度

一、模型设定与变量说明

首先,设定生产函数的形式为:

$$Y_{it} = f(x_{it}, t)\exp(v_{it} - u_{it}) \qquad (3.1)$$

其中，Y_{it} 表示制造业企业 i 在第 t 期的实际产出。$f(\cdot)$ 表示随机前沿生产函数中确定性前沿产出部分。x_{it} 表示投入向量，t 是测量技术变化的时间趋势变量 ($t=1,2,\cdots,T$)。v_{it} 为企业 i 第 t 期的随机误差，$v_{it} \sim N(0,\sigma_v^2)$。$u_{it}$ 为企业 i 在第 t 期生产过程中的技术非效率项，衡量实际产出和前沿技术产出的差距，$u_{it} \geq 0$。本书将资本投入细分为自动化资本 M_{it} 和非自动化资本 K_{it}，将劳动投入细分为高技能劳动 Z_{it} 与低技能劳动 L_{it}。借鉴王志刚等 (2006)、张月玲等 (2015) 的做法，超越对数生产函数设定为：

$$\begin{aligned}\ln Y_{it} = &\beta_0 + a_1 \ln M_{it} + a_2 \ln K_{it} + a_3 \ln L_{it} + a_4 Z_{it} + a_5 t + 0.5 a_6 (\ln M_{it})^2 \\ &+ 0.5 a_7 (\ln K_{it})^2 + 0.5 a_8 (\ln L_{it})^2 + 0.5 a_9 (\ln Z_{it})^2 + 0.5 a_{10} t^2 \\ &+ a_{11} \ln M_{it} \ln K_{it} + a_{12} \ln M_{it} \ln L_{it} + a_{13} \ln K_{it} \ln L_{it} + a_{14} \ln M_{it} \ln Z_{it} \\ &+ a_{15} \ln K_{it} \ln Z_{it} + a_{16} \ln L_{it} \ln Z_{it} + a_{17} t \ln M_{it} + a_{18} t \ln K_{it} + a_{19} t \ln L_{it} \\ &+ a_{20} t \ln Z_{it} + v_{it} - u_{it}\end{aligned}$$

(3.2)

其中，Y_{it} 表示各制造业企业生产总值；M_{it}、K_{it}、L_{it}、Z_{it} 分别表示自动化资本存量、非自动化资本存量、低技能劳动投入数量、高技能劳动投入数量；时间趋势 $t=1,2,\cdots$ 表示技术进步；β_0 表示截面效应均值；a_1、a_2、a_3、a_4、a_5 分别表示自动化资本、非自动化资本、低技能劳动力、高技能劳动力以及技术进步的要素积累效应；a_6、a_7、a_8、a_9、a_{10} 分别表示自动化资本、非自动化资本、低技能劳动力、高技能劳动力以及技术进步的规模效应；二阶交叉项 a_{11}、a_{12}、a_{13}、a_{14}、a_{15}、a_{16}、a_{17}、a_{18}、a_{19}、a_{20} 分别表示两要素之间协调效应，参数值为正，表示相应的两要素之间是同向变化的互补效应，参数值为负，表示相应的两要素之间是反向变化的替代效应。

根据 (3.2) 式，可以得出要素 M_{it}、K_{it}、L_{it}、Z_{it} 的产出弹性为：

$$\varepsilon_M = \frac{\partial \ln Y_{it}}{\partial \ln M_{it}} = a_1 + a_6 \ln M_{it} + a_{11} \ln K_{it} + a_{12} \ln L_{it} + a_{14} \ln Z_{it} + a_{17} t \quad (3.3)$$

$$\varepsilon_K = \frac{\partial \ln Y_{it}}{\partial \ln K_{it}} = a_2 + a_7 \ln K_{it} + a_{11} \ln M_{it} + a_{13} \ln L_{it} + a_{15} \ln Z_{it} + a_{18} t \quad (3.4)$$

$$\varepsilon_L = \frac{\partial \ln Y_{it}}{\partial \ln L_{it}} = a_3 + a_8 \ln L_{it} + a_{12} \ln M_{it} + a_{13} \ln K_{it} + a_{16} \ln Z_{it} + a_{19} t \quad (3.5)$$

$$\varepsilon_Z = \frac{\partial \ln Y_{it}}{\partial \ln Z_{it}} = a_4 + a_9 \ln Z_{it} + a_{14} \ln M_{it} + a_{15} \ln K_{it} + a_{16} \ln L_{it} + a_{20} t \quad (3.6)$$

因此得到自动化资本、非自动化资本、低技能劳动力、高技能劳动力的边际产出表达式为：

$$MP_{M_{it}} = \varepsilon_M \times \frac{Y_{it}}{M_{it}} = \frac{Y_{it}}{M_{it}} \times (a_1 + a_6 \ln M_{it} + a_{11} \ln K_{it} + a_{12} \ln L_{it} + a_{14} \ln Z_{it} + a_{17} t) \quad (3.7)$$

$$MP_{K_{it}} = \varepsilon_K \times \frac{Y_{it}}{K_{it}} = \frac{Y_{it}}{K_{it}} \times (a_2 + a_7 \ln K_{it} + a_{11} \ln M_{it} + a_{13} \ln L_{it} + a_{15} \ln Z_{it} + a_{18} t) \quad (3.8)$$

$$MP_{L_{it}} = \varepsilon_L \times \frac{Y_{it}}{L_{it}} = \frac{Y_{it}}{L_{it}} \times (a_3 + a_8 \ln L_{it} + a_{12} \ln M_{it} + a_{13} \ln K_{it} + a_{16} \ln Z_{it} + a_{19} t) \quad (3.9)$$

$$MP_{Z_{it}} = \varepsilon_Z \times \frac{Y_{it}}{Z_{it}} = \frac{Y_{it}}{Z_{it}} \times (a_4 + a_9 \ln Z_{it} + a_{14} \ln M_{it} + a_{15} \ln K_{it} + a_{16} \ln L_{it} + a_{20} t) \quad (3.10)$$

针对多要素投入生产函数，本书借鉴 Hicks(1932)、Acemoglu(2002)、Diamond(1965)和 Khanna(2001)，结合超越对数生产函数对技术进步的设定，同时考虑到测度的简便性，将偏向型技术进步指数表示为：

$$bias_{MK} = \frac{\frac{\partial MP_{M_{it}}}{\partial t}}{MP_{M_{it}}} - \frac{\frac{\partial MP_{K_{it}}}{\partial t}}{MP_{K_{it}}} = \frac{a_{17}}{\varepsilon_M} - \frac{a_{18}}{\varepsilon_K} \quad (3.11)$$

其中，$bias_{MK}$ 为偏向型技术进步指数，反映的是技术进步对要素相对边际产出的影响方向及程度，即它表示技术进步的要素偏向及偏向程度。若 $bias_{MK} > 0$，表明技术进步导致自动化资本边际产出增长率大于非自动化资本边际产出增长率，此时技术进步偏向于自动化资本；若 $bias_{MK} < 0$，则技术进步偏向于非自动化资本；若 $bias_{MK} = 0$，则技术进步为中性。

基于张月玲和叶阿忠(2013)的研究，自动化资本与非自动化资本的替代弹性 σ_{MK} 可表示为：

$$\sigma_{MK} = \left\{ 1 - \left[a_{11} - a_7 \left(\frac{\varepsilon_M}{\varepsilon_K} \right) \right] (\varepsilon_M - \varepsilon_K)^{-1} \right\}^{-1} \quad (3.12)$$

基于文献综述可知，微观数据有助于捕捉不同制造业企业自动化资本偏向型技术进步的异质性特征，从而进一步研究对不同制造业企业劳动力需求和工资的差异性影响,为政策制定提供准确可靠的依据。虽然中国规模以上工业企业数据库(简称工企数据库)具有样本量大以及所含企业范围广的优势,但工企数据库2007年后数据有明显缺失,这一时期的自动化资本投入呈现快速增加的态势,因此工企数据库不能反映2008年之后的企业资本和劳动力投入状况,且这一数据库没有自动化资本、非自动化资本投入的数据。本书参考王永钦和董雯(2020)的做法,考虑到数据的可获性,选择制造业上市公司作为研究样本。由于1990—2011年相关数据缺失严重,本书采用国泰安和Choice数据库中2012—2019年沪深两市A股制造业上市公司面板数据进行分析。按照相关文献的一般做法,剔除ST、ST*企业以及营业收入、自动化资本投入和非自动化资本投入为负的数据,并对所有变量进行1%及99%分位的缩尾处理,以下为变量选择与数据来源说明。

(1)制造业企业总产出 Y_{it}。借鉴简泽和段永瑞(2012)、Giannetti 等(2015)、谭静和张建华(2019)的做法,采用制造业上市公司营业收入数据,并用工业生产者出厂价格指数进行平减。

(2)自动化资本投入存量 M_{it} 与非自动化资本投入存量 K_{it}。根据 Decanio(2016)、Aum 等(2018)的研究,自动化资本主要指机器设备与电子设备,结合数据的可获性,本书尝试采用制造业上市公司固定资产净值中的机器设备、电子设备净值作为自动化资本投入存量 M_{it};其他固定资产净值为非自动化资本投入存量 K_{it},自动化和非自动化资本投入存量均使用固定资产投资价格指数进行平减。

(3)高技能劳动投入 Z_{it} 与低技能劳动投入 L_{it}。目前关于高、低技能劳动力的衡量,主要有以科技人员与非科技人员来区分(邵敏和刘重力,2011;沈春苗等,2016)和以受教育程度来区分(王林辉等,2014;宋锦和李曦晨,2019)这两种。由于本书主要研究自动化资本偏向型技术进步通过影响低级别任务和高级别复杂任务,进而影响与之相匹配的技能劳动力。在企业层面,与自动化资本以及高级别复杂任务相匹配的往往是研发人员、技术人员等,因此,结合上市公司年报披露的指标情况以及以往文献的做法,本书主要采用研发和技术人员表征高技能劳动力,低技能劳动力则选用除研发人员和技术人员外的其他人员。[①] 同时,

---

[①] 企业高管既不是与自动化资本高度匹配的劳动力,也不属于低技能劳动力。考虑到企业高管人数在企业就业人数中占比很低,因此本书将高管的数据剔除。

由于高技能劳动力普遍接受了高等教育,本书在分析中也采用学力标准进行了稳健性检验。变量的描述性统计见表3.1,通过对比不同资本和劳动力投入均值可知,制造业企业非自动化资本投入大于自动化资本但已经比较接近,低技能劳动力投入明显大于高技能劳动力投入,可见中国制造业企业的自动化资本投入正处于关键的加速发展阶段,而技能结构的升级还未跟上这一步伐。

表 3.1　　　　　　　　　变量描述性统计

变量	观测值	均值	标准差	最小值	最大值
Y	19 604	41.709 0	100.060 0	0.761 5	707.270 0
M	4 959	6.093 6	15.308 0	0.041 9	106.970 0
K	4 959	6.485 9	14.112 0	0.021 4	96.919 0
L	14 786	3 599	5 924	141	39 047
Z	14 786	668	1 193	22	8 008

二、模型检验与测度结果

在测算技术进步偏向型之前,先对随机前沿模型(3.2)进行如下检验:(1)模型的有效性检验;(2)随机前沿生产函数形式检验;(3)随机前沿生产函数中是否存在技术进步因素检验;(4)技术非效率特征信息检验。表3.2的结果表明,本书采用超越对数生产函数形式的随机前沿模型是合理的。[①] 为了识别自动化资本、非自动化资本、低技能和高技能劳动力、技术对产出的独立影响,本书利用C-D函数进行测算,得出各投入要素对产出的单独影响。从表3.2实证结果可知:(1)要素独立效应(见表3.2第1列)。自动化资本投入、非自动化资本投入、低技能和高技能劳动力、技术进步对制造业企业营业收入具有显著的促进作用,即资本投入越多、劳动投入越多、技术进步越大,则中国制造业产出增长越明显。(2)规模效应。$(\ln K_{it})^2$、$(\ln Z_{it})^2$前的系数显著为正,说明非自动化资本与高技能劳动力处于规模报酬递增阶段。(3)协调效应。$\ln K_{it} \ln L_{it}$、$t \ln Z_{it}$前系数显著为正,说明非自动化资本与低技能劳动力、技术进步与高技能劳动力具有互补效

[①] 根据表3.2的结果显示,γ 和 σ^2 值均显著地不等于0,表明模型(3.2)存在技术无效率项,而且这种技术无效率对产出有显著影响,所以选择模型(3.2)是合理的。

应;$\ln Z_{it}$、$\ln L_{it}$ 以及 $t\ln K_{it}$ 前系数显著为负,说明低技能劳动与高技能劳动、技术进步与非自动化资本呈现替代效应。

表 3.2　　　　　　　C-D 函数以及超越对数生产函数的回归结果

变量	(1) C-D $\ln Y$		(2) 超越对数 $\ln Y$		
$\ln M$	0.094 4*** (0.010 6)	$\ln M$	−0.312 5** (0.158 8)	$\ln K\ln L$	0.044 5*** (0.014 3)
$\ln K$	0.216 3*** (0.012 5)	$\ln K$	−0.710 2*** (0.143 1)	$\ln M\ln Z$	−0.026 3 (0.010 1)
$\ln L$	0.497 0*** (0.015 4)	$\ln L$	−0.218 5 (0.215 1)	$\ln K\ln Z$	−0.016 3 (0.012 0)
$\ln Z$	0.185 0*** (0.012 0)	$\ln Z$	0.485 1*** (0.168 2)	$\ln L\ln Z$	−0.042 5*** (0.015 4)
t	0.031 3*** (0.004 3)	t	0.142 0*** (0.039 4)	$t\ln M$	0.003 7 (0.002 6)
		$\ln M^2$	0.014 5 (0.014 5)	$t\ln K$	−0.010 6*** (0.003 2)
		$\ln K^2$	0.022 3* (0.011 4)	$t\ln L$	−0.003 3 (0.003 7)
		$\ln L^2$	0.000 9 (0.027 0)	$t\ln Z$	0.008 1*** (0.002 9)
		$\ln Z^2$	0.133 9*** (0.016 4)	σ^2_cons	0.343 1*** (0.041 8)
		t^2	0.001 8 (0.002 0)	γ_cons	1.452 8*** (0.061 7)
		$\ln M\ln K$	0.011 9 (0.011 1)	μ_cons	2.866 1*** (0.472 7)
		$\ln M\ln L$	0.005 3 (0.013 5)	η_cons	0.006 1* (0.003 2)
$\_cons$	10.305 3*** (0.156 3)		28.553 3 (22.900 8)		
N	4 122		4 122		

注:括号中为回归系数的稳健标准误,***、**、* 分别表示在 1%、5%、10% 水平上显著;σ^2 为无效率项和随机误差项的总体方差,μ 为无效率项的均值,γ 为无效率项方差与随机误差项方差的比值,η 表示技术效率项 $-u_{it}$ 的变化率。

将已得到的参数值分别代入式(3.3)至式(3.11)，可算出 2012—2019 年制造业企业偏向型技术进步指数，其直方图、峰峦图分别如图 3.1 和图 3.2 所示。制造业企业偏向型技术进步指数基本在 0 的右侧，且峰值右移，可见中国制造业企业技术进步偏向于自动化资本。此外，峰峦图表明，各年度的 $bias$ 峰度变小，说明个体间差异在变大，因此进行微观样本的考察才能更准确地捕捉这种技术进步对就业和工资的效应与机制。通过统计 $bias$ 的年度均值可知，2012 年制造业企业自动化资本偏向型技术进步指数均值为 0.13，2019 年增至 0.17，表明制造业企业技术进步的自动化资本偏向逐步加强，中国制造业企业自动化技术进步趋势明显。图 3.3 展示了 2012—2019 年制造业两位码行业层面自动化资本偏向型技术进步指数的变化情况，制造业分行业 $bias$ 值基本上持续增加，也表明了各行业自动化技术进步的深化。其中，仪器仪表制造业的 $bias$ 均值最大，高达 0.36；专用设备制造业，医药制造业，通用设备制造业，电气机械和器材制造业，计算机、通信和其他电子设备制造业，汽车制造业等高技术行业指数名列前茅；黑色金属冶炼和压延加工业的自动化资本偏向型技术进步指数均值最小，为 0.08；农副食品加工业、化学纤维制造业、金属制品业、家具制造业、食品制造业等低技术行业排名靠后，这也意味着制造业内部不同细分行业的自动化资本偏向型技术进步有明显的差异。

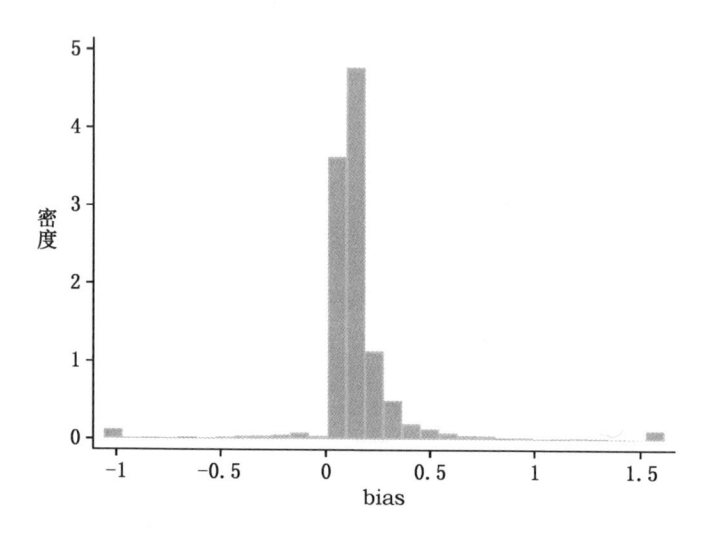

图 3.1　2012—2019 年中国制造业企业偏向型技术进步指数直方图

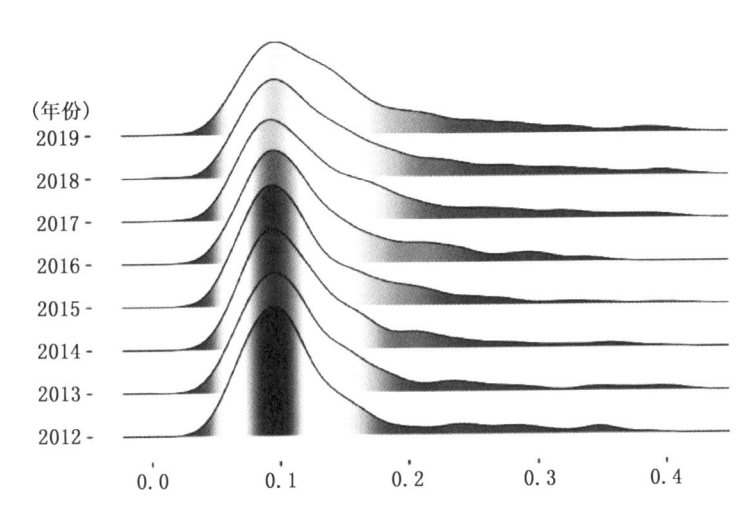

注：颜色越深，代表分布密度越大。

图 3.2　2012—2019 年中国制造业企业偏向型技术进步指数峰峦图

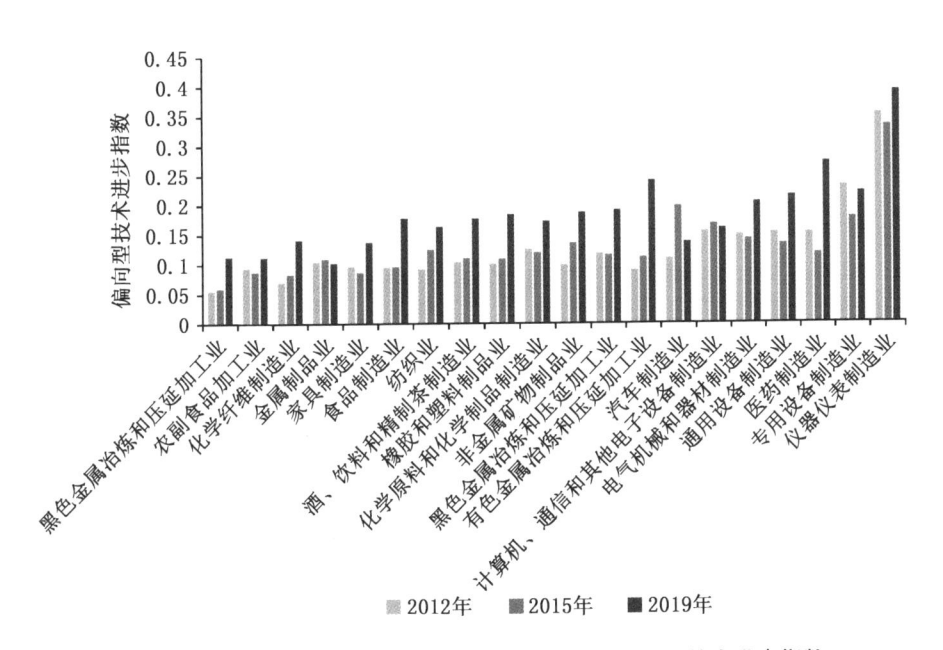

图 3.3　2012—2019 年制造业分行业自动化资本偏向型技术进步指数

此外，根据式(3.12)可算出自动化资本与非自动化资本的替代弹性 σ_{MK}（见图 3.4），结果表明两种资本的替代弹性普遍大于 1，现阶段制造业上市企业的自动化资本与非自动化资本互相替代。本章在考察了制造业自动化资本偏向型技术进步指数 bias 与就业之间的相关性后发现，二者总体呈现负相关，如图 3.5 所示。

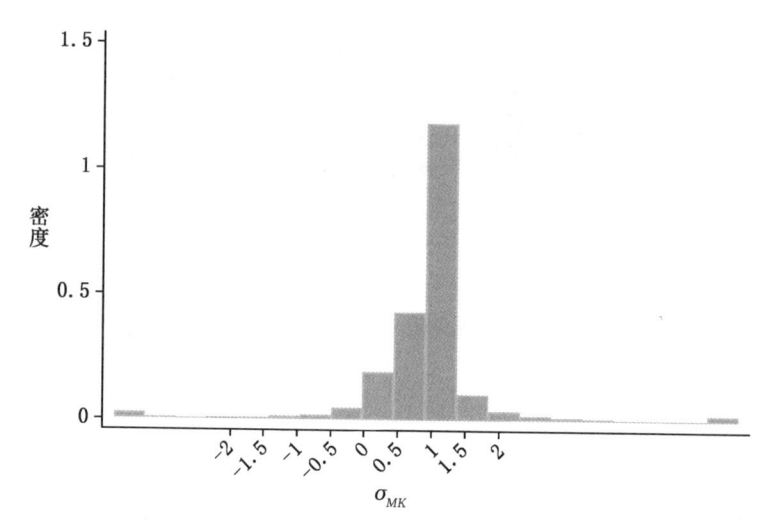

图 3.4 制造业上市企业自动化资本与非自动化资本替代弹性直方图

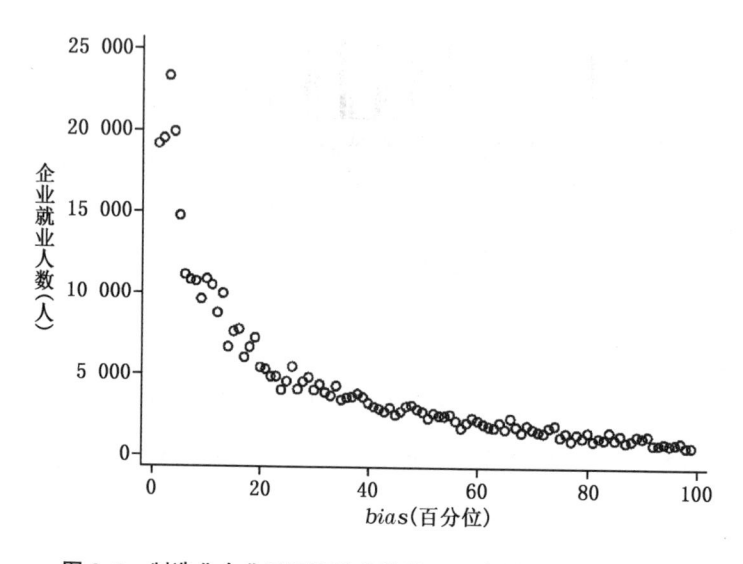

图 3.5 制造业企业不同百分位数的 bias 与就业关系的散点图

第二节 自动化资本偏向型技术进步的影响因素分析

一、理论模型分析

本书借鉴 Acemoglu(2002)研究技术进步偏向决定因素的逻辑,构建如下理论模型探究自动化资本偏向型技术进步的影响因素,以及证明自动化与非自动化资本投入之比上升对技术进步偏向的影响机制。

考虑一个经济体允许代表性消费者有 CRRA(恒定的相对风险偏好型)效用函数:

$$\int_0^\infty \frac{C_{(t)}^{1-\mu}-1}{1-\mu} e^{-\delta t} dt \qquad (3.13)$$

其中,δ 是时间偏好率,μ 是相对风险规避系数(或者是跨期替代弹性)。消费者的预算约束是:

$$C+IV+RD \leqslant Y \equiv \left[\varphi Y_K^{\frac{\varepsilon-1}{\varepsilon}}+(1-\varphi) Y_M^{\frac{\varepsilon-1}{\varepsilon}}\right]^{\frac{\varepsilon}{\varepsilon-1}} \qquad (3.14)$$

其中,IV 指投资,RD 为总研发投入,假设市场不存在套利机会,要求代表型消费者要满足其预算约束。式(3.14)为总生产函数,包含两种产品,即非自动化资本密集型产品 Y_K 和自动化资本密集型产品 Y_M,两种产品的替代弹性为 ε,φ 是分布参数,决定两种产品在总生产函数的重要程度。

Y_K 和 Y_M 的生产函数如下:

$$Y_K = \frac{1}{1-\tau}\left(\int_0^{S_K} L_K(i)^{1-\tau} di\right) K^\tau \qquad (3.15)$$

$$Y_M = \frac{1}{1-\tau}\left(\int_0^{S_M} L_M(i)^{1-\tau} di\right) M^\tau \qquad (3.16)$$

其中,$\tau \in (0,1)$,K 和 M 是两种要素的投入总量,假定两种要素供应无弹性。非自动化资本密集型产品是由非自动化资本以及一系列与非自动化资本互补的劳动力 $L_K(i)$ 生产。自动化资本密集型产品是由自动化资本以及一系列与自动化资本互补的劳动力 $L_M(i)$ 生产。与自动化、非自动化资本互补的劳动力的技能水平分别是 S_M、S_K,这里的 S_K、S_M 是给定的。由式(3.15)和式(3.16)可知,S_M、S_K 决定了总生产率,由于要素 M、K 分别与 $L_M(i)$、$L_K(i)$ 互补,劳动力对应的技能水平之比 S_M/S_K 决定了要素 M 与 K 的相对生产率。式(3.15)和式(3.16)的生产函数规模报酬不变。假定两个部门的劳动力是代表性消费者提供的,与 K 和 M 互补的劳动力的价格为 $w_K(i)$、$w_M(i)$。

假设 S_K、S_M 给定情况下,在均衡条件下,个人收入最大化的劳动力价格分别为 $w_K(i)$、$w_M(i)$,产品生产者利润最大化的两个部门劳动力需求分别为 $L_K(i)$、$L_M(i)$,自动化资本与非自动化资本要素价格分别为 r_M、r_K,自动化资本密集型产品和非自动化资本密集型产品价格分别为 p_M、p_K。两个产品的生产市场是竞争的,所以市场出清表明 p 必须满足:

$$p \equiv \frac{p_M}{p_K} = \frac{1-\varphi}{\varphi}\left(\frac{Y_M}{Y_K}\right)^{-\frac{1}{\varepsilon}} \tag{3.17}$$

Y_M 相对于 Y_K 供应越大,相对价格 p 越小,相对价格对要素相对供应的反应取决于替代弹性 ε。将最终产品价格标准化,则:

$$[\varphi^\varepsilon p_K^{1-\varepsilon} + (1-\varphi)^\varepsilon p_M^{1-\varepsilon}]^{\frac{1}{1-\varepsilon}} = 1 \tag{3.18}$$

由于产品市场是竞争的,自动化资本密集部门的企业利润最大化可表达为:

$$\max_{M,\{L_M(i)\}} p_M Y_M - r_M M - \int_0^{S_M} L_M(i) w_M(i) \tag{3.19}$$

非自动化资本密集型部门企业利润最大化问题与上述类似。对 $L_M(i)$、$L_K(i)$ 求一阶条件,可得与自动化和非自动化资本互补的劳动力需求量,

$$L_M(i) = \left(\frac{p_M}{w_M(i)}\right)^{1/\tau} M \qquad L_K(i) = \left(\frac{p_K}{w_K(i)}\right)^{1/\tau} K \tag{3.20}$$

式(3.20)意味着劳动力投入量之比 $L_M(i)/L_K(i)$ 随着产品价格之比 p_M/p_K 以及资本投入数量之比 M/K 的上升而上升,随着劳动力价格之比 $w_M(i)/w_K(i)$ 的上升而下降。将式(3.19)对 M、K 求导可得,

$$r_M = \frac{\tau}{1-\tau} p_M \left(\int_0^{S_M} w_M(i)^{1-\tau}\right) M^{\tau-1} \qquad r_K = \frac{\tau}{1-\tau} p_K \left(\int_0^{S_K} w_K(i)^{1-\tau}\right) K^{\tau-1}$$
$$\tag{3.21}$$

代表性消费者为了获得个人收入最大化,需要提高自身技能和创新能力,代表性消费者的技能水平体现技术进步水平,代表性消费者提供什么样的技能是根据雇佣劳动力的企业的需求来决定,如果代表性消费者提供与自动化资本互补的技能比提供与非自动化资本互补的技能获得的收入更多,代表性消费者会

选择提供与自动化资本互补的技能,这会导致技术进步偏向于自动化资本;反之,则导致技术进步偏向于非自动化资本。因此,可用代表性消费者提供自动化、非自动化资本互补的技能获得的收入之比的变化表征技术进步偏向。假设每个代表性消费者获得自动化、非自动化资本互补的技能的边际成本分别为 ϑ_M、ϑ_K。因此,全社会代表性消费者提供自动化、非自动化资本互补的技能获得的收入分别为:

$$I_M = (w_M(i) - \vartheta_M) L_M(i) \quad I_K = (w_K(i) - \vartheta_K) L_K(i) \quad (3.22)$$

为了简化此模型,令 $w_K(i) = w_M(i) = 1$;$\vartheta_M = \vartheta_K = 1 - \tau$。因此,全社会代表性消费者通过提供创新知识或技能获得的收入为:

$$I_M = \tau p_M^{1/\tau} M \quad (3.23)$$

$$I_K = \tau p_K^{1/\tau} K \quad (3.24)$$

代表性消费者更加关注未来收入的贴现值,可用动态规划模型表示收入的净贴现值:

$$r N_M - \dot{N}_M = I_M \quad r N_K - \dot{N}_K = I_K \quad (3.25)$$

这里 r 是利率,未来的贴现值为 N,收入流量值为 I。考虑到收入的终值不等于现值,例如商品价格的变化。假设经济处于稳态,则 $\dot{N} = 0$(例如,收入和利率在未来是一定的),则:

$$N_M = \frac{\tau p_M^{1/\tau}}{\varphi} M \quad N_K = \frac{\tau p_K^{1/\tau}}{\varphi} K \quad (3.26)$$

将式(3.20)代入式(3.15)和式(3.16),可得:

$$Y_K = \frac{1}{1-\tau} p_K^{(1-\tau)/\tau} S_K K \quad Y_M = \frac{1}{1-\tau} p_M^{(1-\tau)/\tau} S_M M \quad (3.27)$$

把式(3.27)代入式(3.17),可得

$$p = \left(\frac{1-\varphi}{\varphi}\right)^{\pi/\sigma} \left(\frac{S_M M}{S_K K}\right)^{-\tau/\sigma} \quad (3.28)$$

这里的 σ 是 K、M 要素的替代弹性。假设式(3.26)、式(3.28)仍为稳态,由式(3.26)、式(3.28)可得提供 $L_M(i)$ 和 $L_K(i)$ 要素的代表性消费者的相对收入:

$$\frac{N_M}{N_K} = p^{1/\tau} \cdot \frac{M}{K} = \left(\frac{1-\varphi}{\varphi}\right)^{\varepsilon/\sigma} \left(\frac{S_M M}{S_K K}\right)^{-1/\sigma} \frac{M}{K} \quad (3.29)$$

由于代表性消费者提供自动化、非自动化资本互补的劳动力获得的收入之比的变化可表征技术进步偏向，式(3.29)反映了技术进步偏向的决定因素：(1)价格效应($p^{1/\tau}$)。价格效应是指代表性消费者有更大的动力提升能生产更昂贵产品的技能。如果自动化资本密集型产品价格更加昂贵，代表性消费者有更大的动力提升与自动化资本互补的技能。(2)市场规模效应(M/K)。代表性消费者有更大的动力提升与市场中投入规模更大的资本互补的技能。例如，如果自动化资本在市场中投入相对更大，代表性消费者有更大的动力提升与自动化资本互补的技能。由式(3.28)可知，随着M/K的增加，$p\equiv p_M/p_K$会减小，无论技术进步偏向于何种要素，价格效应和市场规模效应作用相反。将式(3.29)整理得：

$$\frac{N_M}{N_K}=\left(\frac{1-\varphi}{\varphi}\right)^{\varepsilon/\sigma}\left(\frac{S_M}{S_K}\right)^{-1/\sigma}\left(\frac{M}{K}\right)^{(\sigma-1)/\sigma} \quad (3.30)$$

当$\sigma>1$时，随着自动化、非自动化资本投入之比M/K增加，N_M/N_K会增加。这代表消费者有更大的动力提升M要素互补的技能，从而使S_M/S_K增加。由于M密集型产品的生产效率相对提升，因此p_M/p_K降低，会使N_M/N_K下降。根据式(3.29)可知，市场规模效应占主导，因此N_M/N_K最终会增加，技术进步是自动化资本偏向。

当$\sigma<1$时，随着相对要素供给M/K增加，N_M/N_K会降低。这代表消费者有更大的动力提升K要素互补的技能，从而使S_M/S_K下降。由于K密集型产品的生产效率相对提升，因此p_M/p_K上升，会使N_M/N_K上升。根据式(3.29)和式(3.30)式可知，价格效应占主导，因此N_M/N_K最终会增加，技术进步仍是自动化资本偏向。

综上，技术进步偏向于自动化资本的影响因素是价格效应和市场规模效应，哪一种要素起主导作用，取决于自动化资本、非自动化资本的要素替代弹性。而且，无论两种资本的替代弹性σ大于1或小于1，只要M/K上升，就会促使技术进步偏向于自动化资本。

二、实证分析

(一)计量模型构建以及变量说明

上述理论模型已证明无论自动化资本与非自动化资本之间存在替代或互补

关系,只要自动化资本投入相对非自动化资本投入增加,就会促使技术进步偏向于自动化资本。而且根据图3.4可知,现阶段制造业企业自动化资本与非自动化资本替代弹性大于1,根据理论模型(3.30)可知,市场规模效应(M/K)发挥主导作用,因此本书需要实证研究检验市场规模效应(自动化资本和非自动化资本投入之比)与自动化资本偏向型技术进步两者的关系[①]。基于 Acemoglu (2002)、宋冬林等(2010)以及王林辉等(2014)的做法,本书构建如下面板固定效应模型:

$$bias_{it} = \beta_0 + \beta_1 m_{it} + \gamma X + u_i + v_t + \varepsilon_{it} \qquad (3.31)$$

其中,t 表示年份,i 表示制造业上市企业;$bias_{it}$ 为被解释变量,即制造业企业自动化资本偏向型技术进步指数,$bias_{it}$ 数据来源于第一节测算出的 $Bias_{MK}$;核心解释变量 m_{it},表示自动化资本和非自动化资本投入之比;$m_{it} = M_{it}/K_{it}$,M_{it} 同样采用上市制造业企业固定资产净值中的机器设备、电子设备净值;K_{it} 采用其他固定资产净值。

X 为一系列控制变量,主要包括以下因素:(1)企业对外贸易规模对数值($\ln ex_{it}$)。企业对外贸易规模采用中国港澳台及境外业务收入来表征,用来控制企业境外需求对 $bias_{it}$ 的影响。(2)HHI_{it}。指制造业企业所在二位码行业的赫芬达尔指数,用来控制市场集中度对这种技术进步的影响。(3)TFP_{it} 为制造业企业全要素生产率。本书借鉴鲁晓东和连玉君(2012)、杨汝岱(2015)、谭静和张建华(2019)的做法,选用 OP 方法测算 TFP_{it},以"企业营业收入"作为产出变量,"企业实际控制人发生实质转移"表征企业退出,"固定资产净值"作为资本存量,"购建固定资产、无形资产和其他长期资产支付的现金"作为实际投资额,"企业员工总数"作为劳动力投入变量,"购买商品、支付劳务的现金"作为中间投入变量。(4)企业年龄对数值($\ln age_{it}$)。企业年龄为样本期内企业有效成立时间,用统计年份与企业成立年份之差加1表示。(5)员工平均工资对数值($\ln w_{it}$)。用来控制工资因素对自动化资本偏向型技术进步的影响。

被解释变量和控制变量相关数据同样来源于国泰安和 choice 东方财富数据库中 2012—2019 年制造业上市公司面板数据,并对原始数据做如下处理:剔除

---

① 由于缺乏自动化、非自动化资本密集型产品价格的数据,受数据所限,作者没有检验价格效应这一机制。

关键性指标明显错误的数据(如企业的自动化资本投入,非自动化资本投入,中国港澳台及境外业务收入,营业收入,固定资产净值,购建固定资产、无形资产和其他长期资产支付的现金,购买商品、支付劳务的现金为负的数据),同样剔除ST、ST*企业样本,并对所有变量进行1%及99%分位的缩尾处理。针对企业固定资产净值、自动化资本投入、非自动化资本投入、总资产使用固定资产投资价格指数进行平减;员工薪酬的相关数据采用居民消费价格指数进行平减;企业获得的政府补助、企业中国港澳台及境外业务收入、企业主营业务收入、企业利润采用工业生产者出厂价格指数进行平减;购买商品、支付劳务的现金,购建固定资产、无形资产和其他长期资产支付的现金采用工业生产者购进价格指数进行平减;研发投入采用居民消费价格指数与工业生产者出厂价格指数的加权平均数进行平减,其中居民消费价格指数权重为0.55(郑世林和张美晨,2019)。u_i、v_t 分别表示个体、时间的固定效应[①],ε_{it} 为随机误差;具体变量说明见表3.3,主要变量的描述性统计见表3.4。根据描述性统计结果,自动化资本与非自动资本比重均值为1.08,说明相比非自动化资本,自动化资本投入均值更大,制造业企业自动化技术进步趋势显现。

表3.3 变量说明

变量类型	变量符号	变量含义
被解释变量	$bias_{it}$	自动化资本偏向型技术进步指数值
	m_{it}	两种资本相对投入:M_{it}/K_{it}
	$lnex_{it}$	对外贸易规模对数值
	HHI_{it}	制造业企业所在行业市场集中度指数
解释变量	TFP_{it}	制造业企业全要素生产率
	$lnage_{it}$	企业年龄对数值
	lnw_{it}	员工平均工资对数值

[①] 本书对回归模型进行了 F 检验和 Hausman 检验,检验结果拒绝了混合模型回归和随机效应估计,再进行年度虚拟变量的联合显著性检验,F 检验的 P 值等于 0.000 0,拒绝"无时间效应"的原假设。

表 3.4 变量描述性统计

变量	观测值	均值	标准差	最小值	最大值
$bias$	3 960	0.169 8	0.193 5	0.054 7	1.557 4
m	4 792	1.079 5	1.339 2	0.051 4	9.542 0
$\ln ex$	13 544	18.902 9	2.238 6	6.076 8	25.497 0
HHI	20 722	0.049 7	0.041 3	0.013 9	0.228 4
TFP	16 890	6.450 3	0.341 2	5.679 4	7.470 9
$\ln age$	20 683	2.679 1	0.478 6	1	4.158 9
$\ln w$	17 795	11.463 4	0.446 5	5.002 4	14.623 0

(二) 基准回归

表3.5为式(3.31)的估计结果。m 的系数在1%统计水平上显著为正,可知自动化资本与非自动化资本之比上升会促进制造业企业技术进步偏向于自动化资本,即随着要素供给 M/K 增加,技术进步更偏向于自动化资本。对于其他控制变量,企业对外贸易规模、企业市场集中度对自动化资本偏向型技术进步的影响显著为负,表明企业的外部需求会抑制制造业企业偏向于自动化资本;企业市场集中度越高,就越不利于市场竞争,抑制企业创新,从而对制造业企业自动化资本偏向有负向效应。员工工资水平对 $bias$ 的影响为正,这是因为企业员工工资水平的提升会增加企业的成本,从而激励企业开发或引进自动化技术,加快"机器替代人"的步伐。

表 3.5 基准回归结果

变量	$bias$
m	0.028 9*** (2.763 2)
$\ln ex$	−0.017 8*** (−5.375 7)
HHI	−0.412 3** (−2.068 6)
TFP	−0.008 9 (−0.503 6)
$\ln age$	−0.002 1 (−0.034 5)

续表

变量	bias
ln$w$	0.039 5** (2.153 3)
N	2 748
adj.R^2	0.652 3
企业固定效应	控制
年份固定效应	控制

注：***、**、*分别代表1%、5%和10%的显著性水平,括号内为t值；下同。

(三)异质性分析

1. 基于所有制的异质性分析

将制造业上市公司分为国有企业和非国有企业两种类型,分组考察制造业不同类型所有制企业的自动化资本与非自动化资本投入之比对自动化资本偏向型技术进步的影响。[①] 分组回归结果如表3.6第(1)(2)列数据所示,非国有制造业企业的m对bias的影响在1%的统计水平上显著为正,而国有制造业企业的m的影响不显著。这意味着非国有企业为了提升生产效率,追求高额利润和核心竞争力,更有动力投入自动化资本[②],加快自动化技术进步。因此,非国有企业的自动化资本投入在促进自动化技术进步方面的成果更为显著。而国有企业虽然也增加自动化资本的投入,但可能因其注重保障就业的社会效应,尚未显著促进企业自动化资本偏向型技术进步。

2. 基于区域的异质性分析

将制造业上市公司所属地区分为东部和中西部,分组考察不同区域的制造业企业自动化资本与非自动化资本之比对自动化资本偏向型技术进步的影响。分组回归结果见表3.6第(3)(4)列数据,东部制造业企业自动化资本与非自动化资本之比对bias的影响在1%统计水平上显著为正,中西部没有显著影响。这可能是因为中西部劳动力的成本较低,自动化资本投入的动力不足,导致对

---

① 为了不同所有制企业的样本可以直接比较,在分组回归前,先对所有变量进行标准化处理。其他分组回归前同样需对所有变量进行标准化处理。

② 根据本书的数据,非国有企业自动化资本与非自动化资本投入之比为1.29,国有企业为1,因此非国有企业的m更大。

bias 的影响不显著。

表 3.6　　　　　　　　基于不同所有制和区域的异质性分析

变量	(1) 国有 z_bias	(2) 非国有 z_bias	(3) 东部 z_bias	(4) 中西部 z_bias
z_m	−0.001 1 (−0.018 2)	0.245 5*** (4.016 2)	0.247 0*** (3.925 7)	0.009 6 (0.464 6)
$z\_\ln ex$	−0.295 0*** (−2.876 0)	−0.198 0*** (−5.261 5)	−0.242 3*** (−5.333 7)	−0.089 4*** (−3.070 9)
z_HHI	−0.138 9 (−1.604 0)	−0.066 1 (−1.440 7)	−0.084 0* (−1.830 7)	−0.112 2* (−1.772 5)
z_TFP	−0.158 7** (−1.999 0)	0.019 5 (0.669 7)	−0.010 4 (−0.281 9)	−0.022 2 (−0.988 9)
$z\_\ln age$	−0.298 1 (−1.180 8)	−0.017 9 (−0.105 6)	−0.052 5 (−0.258 7)	0.132 1 (1.186 4)
$z\_\ln w$	0.140 4** (2.521 1)	0.089 0* (1.788 1)	0.109 5** (2.442 3)	0.033 9 (0.648 6)
N	665	2 083	2 103	645
adj. R^2	0.744 3	0.626 8	0.645 2	0.679 8
企业固定效应	控制	控制	控制	控制
年份固定效应	控制	控制	控制	控制

3. 基于行业的异质性分析

本书按照 2011 年 OECD 制造业技术分类标准,将制造业上市公司所属行业分为高技术、中高技术、低技术①,分组考察不同技术类型的制造业企业自动化资本与非自动化资本投入之比对自动化资本偏向型技术进步的影响。回归结

---

① 按照 2011 年 OECD 制造业技术分类标准以及国民经济行业分类标准(2011、2017)可知:①高技术行业包括医药制造业,专用设备制造业,计算机、通信和其他电子设备制造业,仪器仪表制造业;②中高技术行业包括化学原料和化学制品制造业,通用设备制造业,汽车制造业,铁路、船舶、航空航天和其他运输设备制造业,电气机械和器材制造业;③低技术行业包括石油、煤炭及其他燃料加工业,橡胶和塑料制品业,非金属矿物制品业,黑色金属冶炼和压延加工业,有色金属冶炼和压延加工业,金属制品业,金属制品、机械和设备修理业,农副食品加工业,食品制造业,酒、饮料和精制茶制造业,烟草制品业,纺织业,纺织服装、服饰业,皮革、毛皮、羽毛及其制品和制鞋业,木材加工和木、竹、藤、棕、草制品业,家具制造业,造纸和纸制品业,印刷和记录媒介复制业,文教、工美、体育和娱乐用品制造业,化学纤维制造业,废弃资源综合利用业。

果如表3.7所示,m对高技术、中高技术和低技术行业企业$bias$的影响均显著为正,系数分别为0.32、0.07、0.05。表明高技术行业制造业企业自动化资本与非自动化资本投入之比对$bias$影响最大,中高技术行业次之,低技术行业影响最小。这可能是因为高技术行业与中高技术行业、低技术行业相比,需要投入更多的自动化资本[1],需要匹配更为先进的自动化和数字化技术,因此高技术行业的m对自动化资本偏向型技术进步指数的影响系数最大且最显著。

表3.7 基于不同行业的异质性分析

变量	(1) 高技术 z_bias	(2) 中高技术 z_bias	(3) 低技术 z_bias
z_m	0.322 0*** (3.908 7)	0.071 1* (1.852 9)	0.052 1* (1.884 1)
z_lnex	−0.326 4*** (−4.195 0)	−0.178 6*** (−4.148 4)	−0.104 8*** (−3.797 0)
z_HHI	−0.616 1** (−2.021 7)	0.057 2 (0.465 9)	−0.060 7*** (−2.859 4)
z_TFP	−0.059 4 (−1.032 6)	0.022 8 (0.601 1)	0.030 4 (1.177 3)
z_lnage	−0.032 9 (−0.114 5)	0.170 6 (0.713 4)	−0.300 8*** (−2.767 8)
z_ln$w$	0.148 4** (2.020 7)	0.103 7 (1.539 3)	0.001 3 (0.056 6)
N	1 085	977	686
adj.R^2	0.615 1	0.706 8	0.689 7
企业固定效应	控制	控制	控制
年份固定效应	控制	控制	控制

4. 基于要素密集度的异质性分析

基于江静等(2007),将制造业企业划分为劳动密集型、资本密集型和技术密

---

[1] 基于本书数据,高技术行业自动化与非自动资本投入之比最大(1.55),中高行业次之(1.25),低技术行业最小(1.08)。

集型①。分组考察自动化资本与非自动化资本投入之比对不同类型密集度的企业自动化资本偏向型技术进步的影响。表 3.8 报告了回归结果，m 对资本和技术密集型企业 $bias$ 的影响均显著为正，系数分别为 0.09、0.23，对劳动密集型企业 $bias$ 的影响不显著。这可能的原因是，技术密集型与资本和劳动密集型企业相比，技术含量更高，需要投入较多的自动化资本，亦需要匹配更先进的自动化技术；劳动密集型企业的 m 对 $bias$ 的影响不显著，这可能是由于劳动密集型行业需要投入大量成本较低的劳动力，自动化资本替代劳动力的成本较高，因此企业不倾向于投入巨额资金提升自动化资本偏向型技术进步水平。

表 3.8　　　　　　　　　　基于要素密集度的异质性分析

变量	(1) 劳动密集型 z_bias	(2) 资本密集型 z_bias	(3) 技术密集型 z_bias
z_m	0.051 1 (0.734 3)	0.090 7** (2.217 2)	0.228 3*** (3.726 9)
z_lnex	−0.077 8** (−2.231 7)	−0.137 1* (−1.822 9)	−0.255 2*** (−5.346 4)
z_HHI	−0.107 2*** (−2.838 8)	−0.002 5 (−0.033 1)	−0.048 8 (−0.491 1)
z_TFP	−0.005 8 (−0.160 9)	0.020 5 (0.284 7)	−0.032 7 (−1.046 7)
z_lnage	−0.326 2** (−2.160 9)	−0.151 8 (−0.342 0)	0.134 3 (0.786 3)
z_lnw	0.033 1 (1.084 7)	−0.020 2 (−0.442 7)	0.187 7*** (2.657 0)
N	384	758	1 606
adj. R^2	0.735 4	0.652 9	0.646 9

---

① 基于江静等(2007)的研究，本书将制造业企业划分为劳动密集型、资本密集型和技术密集型。①劳动密集型行业包括：农副食品加工业、食品制造业、酒、饮料和精制茶制造业、烟草制品业、纺织业、纺织服装、服饰业、皮革、毛皮、羽毛及其制品和制鞋业、木材加工和木、竹、藤、棕、草制品业、家具制造业、造纸和纸制品业、印刷和记录媒介复制业。②资本密集型行业包括：石油加工、炼焦及核燃料加工业(2019年为石油、煤炭及其他燃料加工业)、非金属矿物制品业、黑色金属冶炼和压延加工业、有色金属冶炼和压延加工业、金属制品业、通用设备制造业、专用设备制造业、仪器仪表制造业。③技术密集型行业包括：化学原料和化学制品制造业、医药制造业、化学纤维制造业、汽车制造业、铁路、船舶、航空航天和其他运输设备制造业、电气机械和器材制造业、计算机、通信和其他电子设备制造业。

续表

变量	(1) 劳动密集型	(2) 资本密集型	(3) 技术密集型
	z_bias	z_bias	z_bias
企业固定效应	控制	控制	控制
年份固定效应	控制	控制	控制

(四)稳健性检验

本书做了如下稳健性检验：

其一,替换代理变量。借鉴王林辉等(2014),将高技能劳动力用企业本科及以上学历的员工来替代,低技能劳动力替换为本科学历以下的员工,重新测度制造业企业自动化资本偏向型技术进步指数,表示为 $bias\_1_{it}$。基于模型(3.31),表 3.9 第(1)列数据报告了回归结果,m_{it} 的系数仍显著为正,意味着替换高低技能劳动力的代理变量,本书结论依然保持稳健。

其二,分样本回归。2017 年被认为是人工智能应用元年(叶纯青,2017),本书以 2017 年为分界线,将样本分为 2012—2016 年以及 2017—2019 年,回归结果如表 3.9 第(2)(3)列数据所示,核心解释变量的回归结果仍显著为正,说明基准回归结果比较稳健。且 2017—2019 年 m 的系数要明显大于 2017 年以前的值,这说明人工智能元年开始,中国制造业企业更加重视自动化、人工智能技术水平的提升,加大力度投入自动化资本,自动化技术进步步伐加快。

其三,控制省份与年份的交乘项。经济发展水平较高的省份,自动化资本偏向型技术进步具有先发优势,本书借鉴赵涛等(2020)以及余永泽等(2020)的做法,考虑到这一宏观系统性变化对估计结果的影响,控制了省份以及省份与年份的交乘项,回归结果如表 3.9 第(4)列数据所示。

其四,将 bias 最大、最小 2.5% 的数值剔除(王家庭等,2019;余泳泽等,2020),第(5)列报告了回归结果,第(4)(5)列 m 均显著为正,说明基准回归结果比较可靠。

其五,安慰剂检验。除内生性问题外,对自动化资本与非自动化资本投入之比与自动化资本偏向型技术进步因果关系的识别可能还存在另一方面的挑战。自进入 21 世纪以来,全球信息互联网技术以及自动化技术发展迅速,再加上近年来人工智能技术异军突起,制造业企业技术进步可能存在自动化资本偏向的趋势。在这种情形下,上述估计可能会混淆自动化资本投入之比增加带来自动化资本偏向型技术进步水平提升的效应与制造业技术进步先前就存在自动化资本偏向的趋势。为处理这一顾虑,本书通过安慰剂检验来考察 2012 年以前的制造业企业自动化资本偏向型技术进步是否与未来的自动化资本投入比重有关。采用 2012—2019 年企业自动化与非自动化资本投入之比对 2004—2011 年企业自动化资本偏向型技术进步指数(bias_2)进行回归,理论上未来的制造业企业自动化与非自动化资本投入之比不可能影响到过去的自动化资本偏向型技术进步,如果得出显著的回归结果,则不能排除两种资本投入之比与制造业企业自动化资本偏向型技术进步的趋势相关性。表 3.9 第(6)列报告了估计结果,可以看出,核心解释变量 m 的估计系数不显著,表明 2004—2011 年企业的自动化资本偏向型技术进步指数(bias_2)与现阶段 m 无关,不存在两者之间的趋势相关性,再次确保基准回归结果的稳健性。

表 3.9　　　　　　　　　　　稳健性检验

变量	(1) 替换代理变量	(2) 分样本回归 2012—2016 年	(3) 分样本回归 2017—2019 年	(4) 控制省份与年份的交乘项	(5) 删除 bias 最大、最小2.5%的值	(6) 安慰剂检验
	bias_1	bias	bias	bias	bias	bias_2
m	0.002 4* (1.734 0)	0.015 4*** (2.902 3)	0.038 1*** (3.442 6)	0.030 6** (2.422 5)	0.028 9*** (2.763 2)	−0.001 0 (−0.800 1)
$\ln ex$	−0.002 6*** (−2.736 8)	−0.020 6*** (−3.680 3)	−0.005 7 (−1.076 8)	−0.014 2*** (−4.625 0)	−0.017 8*** (−5.375 7)	0.000 1 (0.241 5)
HHI	−0.098 8* (−1.743 5)	−0.112 5 (−0.535 1)	0.447 3 (0.628 0)	−0.395 8* (−1.826 7)	−0.412 3** (−2.068 6)	−0.034 2 (−0.403 9)
TFP	−0.003 1 (−0.756 1)	−0.018 8 (−1.631 9)	−0.007 7 (−0.158 2)	−0.009 6 (−0.495 3)	−0.008 9 (−0.503 6)	0.000 2 (0.100 8)
$\ln age$	−0.021 0 (−0.937 8)	−0.039 7 (−0.461 8)	0.288 8 (1.205 5)	0.033 4 (0.460 0)	−0.002 1 (−0.034 5)	−0.008 9 (−0.409 4)
$\ln w$	0.000 8 (0.253 0)	0.015 7 (1.247 5)	0.009 7 (0.211 4)	0.036 0* (1.845 7)	0.039 5** (2.153 3)	0.000 2 (0.108 0)
province_year				0.000 2 (1.201 2)		
N	3 307	1 209	1 379	2 538	2 748	563
adj. R^2	0.800 9	0.796 3	0.660 6	0.658 6	0.652 3	0.817 3
企业固定效应	控制	控制	控制	控制	控制	控制
年份固定效应	控制	控制	控制	控制	控制	控制

(五)内生性检验

1. 遗漏变量问题

本书借鉴赵奎等(2021),在模型(3.31)的基础上,本章进一步控制个体和行业的交乘项、个体和时间的交乘项以及时间和行业的交乘项,在一定程度上可以解决遗漏变量所导致的内生性问题。表 3.10 第(1)列报告了回归结果,表明控制了固定效应的交乘项后,自动化资本与非自动化资本投入之比对 bias 的影响仍在 1% 统计水平上显著为正,且对 bias 的回归系数影响不大,意味着遗漏变量导致的内生性问题较小。

2. 反向因果问题

考虑到制造业企业自动化资本与非自动化资本投入之比与自动化资本偏向型技术进步可能存在逆向因果,本书借鉴 Paul 等(2020)和赵奎等(2021),采用份额移动法构造 Bartik 工具变量。Bartik 工具变量目前被越来越多的学者认可和使用。其基本思想是用变量初始的份额构成和总体的增长率模拟出历年的估计值,该估计值和实际值高度相关,但是与其他的残差项不相关。本书关注的自变量为 m_{it}。以自动化资本 M_{ijt} 指标为例,二位码 j 行业的自动化资本投入由多个企业 i 的自动化资本的投入构成,用 J 表示 j 行业包含的企业 i 的集合。那么,有如下等式关系:

$$M_{jt} = \sum_{i \in J} M_{ijt} \qquad K_{jt} = \sum_{i \in J} K_{ijt} \tag{3.32}$$

$$H_{jt} = M_{jt}/K_{jt} \qquad H_{ijt} = M_{ijt}/K_{ijt} \tag{3.33}$$

其中,用 t_0 表示初始年份,即本书的 2012 年。对于任意企业 $i \in J$,M_{ijt_0} 表示企业 i 对应行业 j 在初始 t_0 年的自动化资本投入。K_{ijt_0} 表示企业 i 对应行业 j 在初始 t_0 年的非自动化资本投入。用 g_{jt} 表示 j 行业在 t 年的自动化资本、非自动化资本投入相对于初始年份 t_0 的增长率,根据数据的可得性,本书采用二位码行业的固定资产相对于初始年份的增长率来表征 g_{jt}。因此,份额移动法构造的 H_{ijt} 的工具变量可以表示为:

$$H\_iv_{ijt} = \sum_{i \in J} M_{ijt_0} \times (1+g_{jt}) / \sum_{i \in J} K_{ijt_0} \times (1+g_{jt}) \tag{3.34}$$

此工具变量仅仅通过初始状态 M_{ijt_0}、K_{ijt_0} 与外生的增长率 g_{jt} 运算得到,显然会与 m_{it} 高度相关,且控制了个体、时间、行业固定效应之后,与其他影响企业 bias 的残差项不相关,且通过了不可识别检验,符合工具变量的基本要求。

表 3.10 第(2)(3)列分别报告两阶段最小二乘法估计的第一、第二阶段的结果。第一阶段,m 的系数显著为正,表明通过份额移动法模拟出的自动化资本与非自动化资本投入之比的估值与实际估值高度相关。第二阶段,核心解释变量的系数在 1% 统计水平上显著为正,且与基准回归相比,$bias$ 的系数明显增加,这意味着存在反向因果影响,本书的基准回归结果依然可靠。

表 3.10　　　　　　　　　　内生性检验

变量	(1) 控制固定效应交乘项 $bias$	(2) 第一阶段 m	(3) 第二阶段 $bias$
m	0.029 1*** (2.765 8)		0.079 4*** (10.703 6)
H_iv		0.142 7*** (20.525 8)	
$\ln ex$	−0.018 0*** (−5.402 2)	0.005 7 (0.312 7)	−0.019 1*** (−5.782 0)
HHI	−0.305 6 (−1.581 5)	3.109 3* (1.770 6)	−0.425 6 (−1.252 4)
TFP	−0.008 0 (−0.445 9)	−0.016 4 (−0.182 1)	−0.021 6 (−1.286 9)
$\ln age$	−0.007 7 (−0.120 6)	−0.391 8*** (−2.914 9)	0.047 4 (0.719 2)
$\ln w$	0.040 1** (2.209 2)	−0.027 1 (−0.408 1)	0.040 1*** (3.026 0)
N	2 748	2 666	2 241
adj. R^2	0.647 6	0.805 3	
不可识别检验			631.120***
企业固定效应	控制	控制	控制
年份固定效应	控制	控制	控制
行业固定效应			控制

(六)行业关联效应检验

考虑到不同行业之间存在着一定的关联效应,本书不仅关注制造业本行业的自动化与非自动化资本投入之比变化对自动化资本偏向型技术进步的影响,同时还要考察制造业上游（下游）行业自动化与非自动化资本投入之比变化对下游（上游）行业自动化资本偏向型技术进步的影响。本书借鉴诸竹君等（2020）的做法，构建上游、下游制造业两种资本的投入之比，分别表示为 $forward\_m_{it}$ 和 $backward\_m_{it}$。制造业上游行业自动化与非自动化资本投入之比 $forward\_m_{it}$ 刻画了上游行业 m 对下游自动化资本偏向型技术进步产生的前向关联效应，构建模型如（3.35）式所示：

$$forward\_m_{ijt} = \sum_{j \neq s}\left(input_{jst}/\sum_{s}input_{jst}\right) \times m_{ijt} \qquad (3.35)$$

其中，$input_{jst}$ 表示行业 j 从上游 s 行业所得中间品，加总得行业 j 从上游行业所得所有中间投入品，表示为 $\sum_{s}input_{jst}$。制造业下游行业自动化与非自动化资本投入之比 $backward\_m_{ijt}$ 刻画了下游行业自动化与非自动化资本投入之比变化对上游行业这种技术进步产生的后向关联效应，根据前向关联效应的构建方法，可得式（3.36）：

$$backward\_m_{ijt} = \sum_{j \neq x}\left(output_{jxt}/\sum_{x}output_{jxt}\right) \times m_{ijt} \qquad (3.36)$$

其中，$output_{jxt}$ 表示行业 j 向下游 x 行业售出的中间品，加总行业 j 向所有下游行业售出的所有中间品，记为 $\sum_{x}output_{jst}$。$input_{jst}$、$output_{jst}$ 数据来源于 2012 年、2017 年、2018 年的投入产出表，利用这三年的投入产出表计算 2012—2019 年的直接消耗系数和直接分配系数。通过借鉴诸竹君等（2020）的做法，2012—2014 年、2015—2017 年、2018—2019 年的直接消耗系数和直接分配系数分别用 2012 年、2017 年、2018 年的代替。

基于基准模型［式（3.31）］，将核心解释变量替换为 $forward\_m_{ijt}$、$backward\_m_{ijt}$，分别考察制造业上游（下游）行业两种资本的投入之比对下游（上游）行业 $bias$ 的影响，回归结果如表 3.11 所示。$forward\_m$ 与 $backward\_m$ 的系数均显著为正，且 $forward\_m$ 的系数（0.04）要大于 $backward\_m$ 的系数（0.01），意味着制造业上游（下游）行业自动化资本投入相对增加，会通过产业链传导，促进下游（上游）行业自动化资本偏向型技术进步，且前向关联效应大于后向关联效应。这可能的解释是：根据图 3.4 可知制造业企业自动化资本与非自动化资本的替代弹性大于 1，基于理论模型［式（3.30）］，上游或下游制造业行业的自动化资本相对投入增加，会提高整个制造业行业与自动化资本互补的劳动力的收入水平,这会提升整个制造业行业中这种劳动力的技能水平,其他制造业行业自动化资本密集型产品的生产效率提高,由于市场规模效应占据主导,因此制造业上游(下游)行业自动化资本与非自动化资本投入之比增加会提升与下游(上游)行业自动化资本互补的劳动力的收入水平,下游(上游)行业技术进步更偏向于自动化资本。另外,制造业上游(下游)行业的自动化资本投入相对增加,会通过技术溢出效应提升制造业下游(上游)行业的生产效率和自动化水平,从而提升下游(上游)行业的自动化资本偏向型技术进步水平。

表 3.11　　　　　　　　　　　　行业关联效应检验

变量	(1) bias	(2) bias
$forward\_m$	0.039 4** (2.468 6)	
$backward\_m$		0.005 8* (1.900 8)
$\ln ex$	−0.017 8*** (−5.352 7)	−0.017 6*** (−5.446 6)
HHI	−0.479 8** (−2.342 5)	−0.421 8** (−2.070 4)
TFP	−0.012 7 (−0.723 0)	−0.009 3 (−0.523 0)
$\ln age$	−0.010 5 (−0.173 3)	−0.012 9 (−0.209 9)
$\ln w$	0.040 9** (2.213 6)	0.039 4** (2.117 1)
N	2 748	2 748
adj. R^2	0.726 0	0.720 8
企业固定效应	控制	控制
年份固定效应	控制	控制

(七)进一步讨论

为了考察制造业企业推动自动化资本偏向型技术进步的动因,本书借鉴雷钦礼和徐家春(2015)、Graetz 和 Michaels(2018)的做法,检验这种技术进步对全要素生产率、企业绩效和企业生产规模的影响。然而,不少文献表明,技术进步对这些要素的影响并非线性的,随着技术进步的不断深化,技术进步对企业生产率、企业绩效和产出规模的影响会发生明显的变化(雷钦礼和徐家春,2015;Graetz 和 Michaels,2018)。因此,本书构建了非线性的固定效应模型:

$$F_{it} = \beta_0 + \beta_1 bias_{it} + \beta_2 bias_{it}^2 + \gamma X + u_i + v_t + \varepsilon_{it} \quad (3.37)$$

其中,t 表示年份,i 表示制造业上市企业。F_{it} 为被解释变量,包括企业全要素生产率 TFP_{it}[①];企业绩效 $\ln profit_{it}$,用企业利润对数值表征;企业产出规模 $\ln Y_{it}$,用企业营业收入对数值衡量。$bias_{it}$、$bias_{it}^2$ 为解释变量;X 为一系列控制变量。借鉴王杰和刘斌(2014)、任胜钢等(2019)、陈建林(2015)和张祥建等(2015),选择以下控制变量:(1)企业年龄对数值($\ln age_{it}$),企业年龄用统计年份与企业成立年份之差加 1 表示;(2)企业资本劳动比对数值($\ln kl_{it}$),资本劳动力比用企业固定资产净值除以企业员工人数表示,用来控制资本密度对被解释变量的影响;(3)企业对外贸易规模对数值($\ln ex_{it}$),企业对外贸易规模同样采用中国港澳台及境外业务收入来表征,用来控制企业境外需求的影响;(4)企业总资产对数值($\ln asset_{it}$),用来控制企业规模的影响;(5)企业研发支出对数值($\ln rd_{it}$),用来控制企业创新能力的影响;(6)企业所在行业的赫芬达尔—赫希曼指数(HHI),用来控制市场集中度的影响;(7)企业所在省份的 GDP 对数值($\ln GDP_{it}$),用来控制地区宏观经济发展水平对被解释变量的影响。被解释变量和控制变量相关数据同样来源于国泰安和 choice 东方财富数据库中 2012—2019 年制造业上市企业面板数据,并对原始数据做如下处理:剔除关键性指标明显错误的数据,同样剔除 ST、ST* 企业样本。u_i、v_t 分别表示个体、时间的固定效应,ε_{it} 为随机误差;相关变量的描述性统计见表 3.12。

表 3.12　　　　　　　　　相关变量描述性统计

变量	观测值	均值	标准差	最小值	最大值
$\ln l$	17 814	7.512 5	1.173 5	5.118 0	10.670 5
TFP	16 890	6.450 3	0.341 2	5.679 4	7.470 9
$\ln profit$	19 432	18.630 1	1.471 4	8.888 4	24.814 9
$\ln Y$	19 427	21.010 6	1.382 0	18.148 2	24.982 1

---

① TFP 测度方法请见第三章第二节中关于计量模型构建以及变量说明。

续表

变量	观测值	均值	标准差	最小值	最大值
$bias$	3 960	0.169 8	0.193 5	0.054 7	1.557 4
$\ln age$	20 705	2.678 6	0.479 2	1	4.158 9
$\ln kl$	16 913	12.456 4	0.936 5	4.845 1	15.644 4
$\ln ex$	13 556	18.904 7	2.239 1	6.076 8	25.497 0
$\ln asset$	19 446	21.499 9	1.355 0	15.353 9	27.349 3
$\ln rd$	17 428	13.973 6	1.759 0	1.027 6	22.473 6
HHI	20 722	0.049 7	0.041 3	0.013 9	0.228 4
$\ln GDP$	20 723	10.814 4	0.746 1	6.552 6	12.528 3

表 3.13 第(1)列报告了制造业企业自动化资本偏向型技术进步对企业全要素生产率的影响,结果显示 $bias$ 一次项系数显著为正,二次项显著为负,且通过了 Utest 检验,表明制造业企业自动化资本偏向型技术进步与全要素生产率的关系呈现倒"U"型,当 $bias$ 较小时,制造业企业自动化资本偏向型技术进步会提高企业生产率,当 $bias$ 增加到一定临界值,这种技术进步会抑制企业生产率的提升。这可能的解释是,当制造业企业自动化资本偏向型技术进步水平较低时,基于"机器换人",会显著提高企业生产率;而当自动化资本偏向型技术进步达到临界值,机器替代人的能力受到限制,如果企业继续大力投入自动化资本,促进自动化资本偏向型技术进步,会阻碍企业投入具有创造性的、能胜任较复杂任务的高技能劳动力,且由于自动化资本投入过度,这种技术进步与生产率水平匹配度降低,从而抑制了企业生产率的提升。为了进一步评估现阶段这种技术进步对企业全要素生产率的影响,本章对两者二次函数的拐点进行计算,可得此拐点 $bias$ 数值为 0.98,此值对应于 $bias$ 98.6% 的分位数,可知样本期内 98.6% 的制造业企业自动化资本偏向型技术进步指数值在拐点的左侧,意味着现阶段制造业企业自动化资本偏向型技术进步显著提高企业生产率水平,因此提高企业全要素生产率是目前企业拥抱自动化资本偏向型技术进步的一个动因。

表 3.13 第(2)(3)列显示,$bias$ 系数在 1% 统计水平上均负显著,$bias^2$ 系数在 1% 统计水平上均正显著,且通过了 Utest 检验,表明制造业企业自动化

资本偏向型技术进步与企业利润和企业产出规模之间均存在非线性关系,且为"U"型。当 bias 较小时,企业的自动化资本投入还未达到收益点,使得自动化资本偏向型技术进步对企业利润和产出的提升效应还不明显。同时,自动化的更新改造、升级需要大量的资金投入,而且其中存在着较大的不确定性,有些还不能马上产生效益,由此所产生的成本效应短期内会导致利润和企业产出规模下降。随着 bias 达到临界值,自动化资本偏向型技术进步提高了企业的生产能力和盈利能力,刺激企业追加资本和劳动力来扩大生产规模,这与 Graetz 和 Michaels(2018)研究结果一致。Utest 检验可知,bias 与企业利润和产出规模函数关系的拐点分别为 0.95、1.07,这两个值分别对应于 bias 的 98.6%、98.7%分位数,意味着现阶段绝大多数制造业企业自动化资本偏向型技术进步指数值还处在拐点左侧,随着自动化资本偏向型技术进步的深入发展,势必会增加企业的利润,以及扩大产出规模。由此可知,自动化资本偏向型技术进步促进企业利润增加和产出规模扩大的长期效应亦是企业推动这种技术进步的诱因。

表 3.13　　　　　　　　　进一步讨论回归结果

变量	(1) TFP	(2) $\ln profit$	(3) $\ln Y$
$bias$	0.376 6**	−2.064 2***	−0.799 7***
	(2.376 6)	(−3.320 5)	(−3.416 8)
$bias^2$	−0.191 3**	1.082 7***	0.371 7***
	(−2.270 7)	(3.233 6)	(3.016 2)
$\ln age$	−0.133 4	−0.352 9	0.204 6
	(−0.943 4)	(−0.571 7)	(1.064 5)
$\ln kl$	0.002 2	−0.225 3***	−0.147 7***
	(0.133 5)	(−2.716 3)	(−5.404 2)
$\ln ex$	0.010 7	0.073 2**	0.074 3***
	(1.403 7)	(2.281 3)	(5.947 7)
$\ln asset$	0.120 2***		0.716 7***
	(4.141 0)		(19.407 3)
$\ln rd$	0.039 9		
	(1.230 0)		
HHI	0.623 1	−1.213 3	−0.012 8
	(1.151 9)	(−0.334 0)	(−0.014 5)

续表

变量	(1) TFP	(2) $\ln profit$	(3) $\ln Y$
$\ln GDP$	−0.041 9 (−0.517 8)	0.463 0 (1.551 8)	0.000 9 (0.009 8)
N	2 678	2 751	2 751
adj. R^2	0.798 3	0.644 4	0.972 2
企业固定效应	控制	控制	控制
年份固定效应	控制	控制	控制

第三节 结 论

本章基于2012—2019年中国制造业上市企业面板数据,结合随机前沿模型和超越对数生产函数测度了中国制造业技术进步的偏向,并借鉴Acemoglu(2002)理论模型,推导了制造业技术进步偏向的影响因素,理论分析和实证检验了自动化与非自动化资本投入之比上升如何影响自动化资本偏向型技术进步。本章通过研究分析得到以下几个基本结论:(1)中国制造业技术进步偏向于自动化资本,制造业企业非自动化资本与低技能劳动力、技术进步与高技能劳动力具有互补效应,低技能劳动与高技能劳动、技术进步与非自动化资本呈现替代效应。(2)根据理论模型推导可知,随着制造业企业自动化资本与非自动化资本投入之比上升,会引起与自动化资本、非自动化资本互补的劳动力的相对技能水平的变化,进而促使这两种资本密集型产品的价格之比变化,在市场规模效应和价格效应的共同影响下,技术进步偏向于自动化资本,这两种效应谁发挥主导作用,取决于两种资本的要素替代弹性。(3)实证结果表明,与非自动化资本投入相比,自动化资本投入越多,制造业企业越偏向于自动化资本。(4)异质性分析结果表明,非国有制造业企业、东部制造业企业、资本和技术密集型制造业企业的自动化资本投入在促进自动化资本偏向型技术进步方面的成果更为显著;高技术行业制造业企业自动化资本与非自动化资本投入之比对这种技术进步的影响最大,中高技术行业次之,低技术行业影响最小。(5)制造业上游(下游)行业自动化资本投入相对增加,会促进制造业下游(上游)行业的自动化资本偏向型技术进步水平提升。(6)企业对外贸易规模大、市场集中度高,会抑制制造业企业自动化资本偏向型技术进步,然而劳动力工资成本上升则促进了这种技术进步。(7)企业推动自动化资本偏向型技术进步的动机是,这种技术进步短期会提升企业全要素生产率,长期会提高企业利润,以及扩大企业产出规模。

第四章 自动化资本偏向型技术进步对就业和工资影响的理论研究

本书需要理论模型推导和机制分析制造业自动化资本偏向型技术进步对就业和工资的影响。鉴于任务模型可以体现技术的变革带来的对低级别任务的替代与高级别任务的创造,进而影响就业和工资,同时模型中可将劳动力区分为高技能劳动力和低技能劳动力并可设定不同劳动力执行不同类型的任务,便于研究自动化资本偏向型技术进步对工资差距影响的机制。因此,本章第一节借鉴 Acemoglu 和 Restrepo(2018)的研究,采用任务模型推导制造业自动化资本偏向型技术进步对就业、工资水平、工资差距的影响以及机制。由于理论模型无法完全囊括本书研究对象的理论机制,因此本章基于第二章第二节的国内外研究现状,提出本书的研究假说。

第一节 理论模型推导

基于 Acemoglu 和 Restrepo(2018)的研究,本书引入基于任务的模型来分析偏向型技术进步对就业和工资的影响,总产出函数设定为:

$$Y = \int_{U-1}^{U} y(x) \, dx \tag{4.1}$$

其中,Y 为总产出,$y(x)$ 为任务 x 的产出,经济社会中的生产活动可抽象为工作任务。$x \in [U-1, U]$,$U-1$、U 分别表示工作任务的下界和上界,区间 $[U-1, U]$ 表明任务的范围标准化为 1,U 的增加代表任务质量的升级,即产生新的高级别的工作任务,低端的工作任务被淘汰。每个任务都可以由劳动力

$l(x)$ 或自动化资本(即机器设备)$m(x)$ 来完成,这取决于该项任务是否可由自动化资本替代。本书假定,与自动化资本相比,劳动力在高级别任务上具有比较优势。因此,设定任务 $x \in [U-1, S]$ 可由自动化资本替代,即这一任务既可以由劳动力也可以由自动化资本来完成,而其他任务 $x \in [S, U]$ 不能被自动化资本替代,因此必须由劳动力来完成。关于任务 x 的产出 $y(x)$ 可以表示为:

$$y(x) = \begin{cases} \gamma_l(x)l(x) + \gamma_m(x)m(x) & \text{if} \quad x \in [U-1, S] \\ \gamma_l(x)l(x) & \text{if} \quad x \in [S, U] \end{cases} \quad (4.2)$$

其中,$\gamma_l(x)$ 是生产任务 x 所需劳动力的生产率,$\gamma_m(x)$ 则为自动化资本的生产率。由前文可知,自动化资本偏向型技术进步取决于自动化资本(体现自动化技术的机器设备和电子设备)投入的增加,本质上反映了技术进步与自动化资本有较好的耦合关系,能够促使自动化资本边际产出效率更高。因此,自动化资本偏向型技术进步综合反映了自动化技术的发展以及自动化资本投入的增加。Acemoglu 和 Restrepo(2018)、Dauth 等(2018)以及 Dixon 等(2019)的研究结果表明,依托于自动化资本的技术进步一方面会替代低级别的工作任务,另一方面会产生新的高级别的复杂任务,从而真正释放自动化资本的生产效率(Autor 等,2003)。因此,自动化资本偏向型技术进步对生产任务同样产生两方面影响:一方面表现为替代的低级别工作任务增加,即 S 增加;另一方面表现为新的高级别工作任务的产生,即 U 增加。本书用 W 表示均衡时的工资率,用 R 表示均衡时的自动化资本租金率。市场均衡条件下要求企业选择成本最小的方式完成每项任务。为了简化讨论,本书提出以下假设:

$$\frac{W}{\gamma_l(S)} > \frac{R}{\gamma_m(S)} \quad (4.3)$$

其中,$W/\gamma_l(S)$ 为劳动的有效成本,$R/\gamma_m(S)$ 为自动化资本的有效成本。式(4.3)意味着均衡条件下,生产 $[U-1, S]$ 中的所有任务所需的自动化资本的有效成本小于劳动的有效成本,因此生产 $[U-1, S]$ 中的所有任务都将由自动化资本完成。在给定产出水平下,基于成本最小化原则,劳动力的需求函数可表示为:

$$l(x) = \begin{cases} 0 & \text{if} \quad x \in [U-1, S] \\ \dfrac{y(x)}{\gamma_l(x)} & \text{if} \quad x \in [S, U] \end{cases} \quad (4.4)$$

通过加总所有任务的劳动力需求,可得劳动力总需求为:

$$l = \frac{Y}{\gamma_l(x)}(U-S) \tag{4.5}$$

根据式(4.3),设定任务 x 的价格为 $p(x)$:

$$p(x) = \begin{cases} \dfrac{R}{\gamma_m(x)} & \text{if} \quad x \in [U-1, S] \\ \dfrac{W}{\gamma_l(x)} & \text{if} \quad x \in [S, U] \end{cases} \tag{4.6}$$

任务 x 的需求量则为:

$$y(x) = \frac{Y}{p(x)} \tag{4.7}$$

任务 x 的劳动需求又可以表示为:

$$l(x) = \begin{cases} 0 & \text{if} \quad x \in [U-1, S] \\ \dfrac{Y \times \gamma_l(x)}{W} & \text{if} \quad x \in [S, U] \end{cases} \tag{4.8}$$

式(4.8)表明,当 $x \in [U-1, S]$ 时,由于任务 x 均由自动化资本完成,因此任务 x 的劳动力需求量为0;当 $x \in [S, U]$ 时,任务 x 均由劳动力完成,则任务 x 的劳动需求等于总产出(Y)除以劳动力的有效成本$[W/\gamma_l(x)]$(Acemoglu 和 Restrepo, 2018)。

通过加总任务生产过程中对劳动力的总需求,可得下式:

$$l = \frac{Y \times \gamma_l(x)}{W}(U-S) \tag{4.9}$$

重新整理式(4.9),可得

$$W = \frac{Y \times \gamma_l(x)}{l}(U-S) \tag{4.10}$$

一、自动化资本偏向型技术进步对就业的影响

对式(4.5)求导,可得:

$$\frac{\mathrm{d}\ln l}{\mathrm{d}S} = -\frac{1}{U-S} + \underbrace{\frac{\mathrm{d}\ln Y}{\mathrm{d}S}}_{\text{产出规模效应}} - \underbrace{\frac{\mathrm{d}\ln \gamma_l(x)}{\mathrm{d}S}}_{\text{生产率效应}} \tag{4.11}$$

$$\frac{\mathrm{d}\ln l}{\mathrm{d}U} = \frac{1}{U-S} + \underbrace{\frac{\mathrm{d}\ln Y}{\mathrm{d}U}}_{\text{产出规模效应}} - \underbrace{\frac{\mathrm{d}\ln \gamma_l(x)}{\mathrm{d}U}}_{\text{生产率效应}} \qquad (4.12)$$

根据式(4.11)、式(4.12)可知,自动化资本偏向型技术进步通过增加替代的低级别工作任务 S,以及增加新的高级别的任务 U,一方面对就业总量产生破坏效应和创造效应,另一方面会影响企业产出规模和生产率,进而影响劳动力需求。

二、自动化资本偏向型技术进步对工资的影响

通过式(4.10),可得到：

$$\frac{\mathrm{d}\ln W}{\mathrm{d}S} = \underbrace{\frac{\mathrm{d}\ln(U-S)}{\mathrm{d}S}}_{\text{破坏效应}} + \underbrace{\frac{\mathrm{d}\ln(Y/l)}{\mathrm{d}S} + \frac{\mathrm{d}\ln \gamma_l(x)}{\mathrm{d}S}}_{\text{生产率效应}} \qquad (4.13)$$

$$\frac{\mathrm{d}\ln W}{\mathrm{d}U} = \underbrace{\frac{\mathrm{d}\ln(U-S)}{\mathrm{d}U}}_{\text{创造效应}} + \underbrace{\frac{\mathrm{d}\ln(Y/l)}{\mathrm{d}U} + \frac{\mathrm{d}\ln \gamma_l(x)}{\mathrm{d}U}}_{\text{生产率效应}} \qquad (4.14)$$

可得：

$$\frac{\mathrm{d}\ln W}{\mathrm{d}S} = \underbrace{-\frac{1}{U-S}}_{\text{破坏效应}} + \underbrace{\frac{\mathrm{d}\ln(Y/l)}{\mathrm{d}S} + \frac{\mathrm{d}\ln \gamma_l(x)}{\mathrm{d}S}}_{\text{生产率效应}} \qquad (4.15)$$

$$\frac{\mathrm{d}\ln W}{\mathrm{d}U} = \underbrace{\frac{1}{U-S}}_{\text{创造效应}} + \underbrace{\frac{\mathrm{d}\ln(Y/l)}{\mathrm{d}U} + \frac{\mathrm{d}\ln \gamma_l(x)}{\mathrm{d}U}}_{\text{生产率效应}} \qquad (4.16)$$

根据式(4.15)可知,自动化资本偏向型技术进步会通过增加替代的低级别任务 S,一方面产生破坏效应,减少工资,另一方面产生生产率效应,影响工资水平。根据式(4.16)可知,自动化资本偏向型技术进步会通过增加新工作任务 U,产生创造效应和生产率效应,进而影响工资水平。

三、自动化资本偏向型技术进步对工资不平等的影响

假设有两种类型的工人,低技能工人 L 和高技能工人 Z,两种劳动力的供给

都是具有弹性的。假设低技能工人只能执行阈值 $T \in [S,U]$ 以下的任务,而高技能工人可以执行所有任务。为简化模型,假定高技能和低技能工人的生产力为 $\gamma_l(x)$,如果低技能工人工资为 W_L,高技能工人工资 $W_Z \geqslant W_L$。阈值 T 可以看作自动化资本偏向型技术进步和技能之间不匹配的测度。较大的 T 值意味着低技能工人有大量的额外任务,而较低的 T 值意味着低技能工人只剩下很少的任务可以完成。假设均衡工资 $W_Z > W_L$,表明低技能劳动者会生产 $[S,T]$ 区间内的所有任务。

根据式(4.5),设定任务 x 的价格为 $p(x)$:

$$p(x) = \begin{cases} \dfrac{R}{\gamma_m(x)} & \text{if} \quad x \in [U-1,S] \\ \dfrac{W_L}{\gamma_l(x)} & \text{if} \quad x \in [S,T] \\ \dfrac{W_Z}{\gamma_l(x)} & \text{if} \quad x \in [T,U] \end{cases} \qquad (4.17)$$

任务 x 的需求量则为:

$$y(x) = \frac{Y}{p(x)} \qquad (4.18)$$

因此,任务 x 的自动化资本需求为:

$$k(x) = \begin{cases} \dfrac{Y \times \gamma_m(x)}{R} & \text{if} \quad x \in [U-1,S] \\ 0 & \text{if} \quad x \in [S,U] \end{cases} \qquad (4.19)$$

任务 x 对低技能劳动力的需求为:

$$L(x) = \begin{cases} 0 & \text{if} \quad x \in [U-1,S] \\ \dfrac{Y \times \gamma_l(x)}{W_L} & \text{if} \quad x \in [S,T] \\ 0 & \text{if} \quad x \in [T,U] \end{cases} \qquad (4.20)$$

任务 x 对高技能劳动力的需求为:

$$Z(x) = \begin{cases} 0 & \text{if} \quad x \in [U-1,S] \\ 0 & \text{if} \quad x \in [S,T] \\ \dfrac{Y \times \gamma_l(x)}{W_Z} & \text{if} \quad x \in [T,U] \end{cases} \qquad (4.21)$$

通过加总任务生产过程中对高低技能劳动力的需求,设定其分别等于 Z、L,可得:

$$L = \frac{Y \times \gamma_l(x)}{W_L}(T-S) \tag{4.22}$$

$$Z = \frac{Y \times \gamma_l(x)}{W_Z}(U-T) \tag{4.23}$$

则均衡工资满足:

$$W_Z = \frac{Y \times \gamma_l(x)}{Z}(U-T) \qquad W_L = \frac{Y \times \gamma_l(x)}{L}(T-S) \tag{4.24}$$

对高低技能劳动力工资取对数之后其差距可表示为 $\ln(W_Z/W_L)$:

$$\ln(W_Z) - \ln(W_L) = \ln\left(\frac{W_Z}{W_L}\right) = \ln\left(\frac{L(U-T)}{W(T-S)}\right) \tag{4.25}$$

因此,自动化资本偏向型技术进步对高低技能劳动力工资差距的影响见式(4.26)和式(4.27):

$$\frac{\mathrm{d}\ln\left(\frac{W_Z}{W_L}\right)}{\mathrm{d}S} = \frac{1}{T-S} > 0 \tag{4.26}$$

$$\frac{\mathrm{d}\ln\left(\frac{W_Z}{W_L}\right)}{\mathrm{d}U} = \frac{1}{U-T} > 0 \tag{4.27}$$

式(4.26)和式(4.27)表明,自动化资本偏向型技术进步通过增加替代的低级别任务 S 以及增加新任务 U 拉大了高低技能劳动力的工资差距。这是由于,自动化资本偏向型技术进步增加替代的低级别任务 S 主要是由低技能劳动力完成,会对低技能劳动力产生破坏效应,导致劳动力市场中的低技能劳动力供给过多,从而其工资下降;而自动化资本偏向型技术进步创造的新任务主要由高技能劳动力完成,会增加对高技能劳动力的需求,促使高技能劳动力工资水平提升,导致高低技能劳动力工资差距拉大。当劳动力技能与自动化资本偏向型技术进步不匹配(即 T 接近于 S)时,低技能劳动力可完成的任务范围非常有限,同样使得低技能劳动力供给过多,从而导致其工资急剧下降;而高技能劳动力的任务范围扩大,会增加高技能劳动力的需求和平均工资,进一步加剧自动化资本偏向型技术进步对高低技能劳动力的工资差距的扩大效应。

四、研究假说

本章根据第二章第二节的内容,提出如下假说:

假说 H_1:制造业企业自动化资本偏向型技术进步会对就业总量有替代效应,主要表现在对低技能劳动力的破坏,然而对高技能劳动力的创造效应可以缓解替代效应。

假说 H_2:制造业企业自动化资本偏向型技术进步可以提升劳动力的工资水平。

假说 H_3:上游(下游)自动化资本偏向型技术进步基于技术溢出效应会对下游(上游)劳动力需求产生替代效应,对其工资水平产生补偿效应。

假说 H_4:制造业企业自动化资本偏向型技术进步会拉大高低技能劳动力的工资差距。

第二节 结 论

本章基于 Acemoglu 和 Restrepo(2018)的研究,引入基于任务的模型分析偏向型技术进步对就业和工资的影响。通过理论模型推导,得出以下结论:

1. 自动化资本偏向型技术进步对就业的影响机制

第一,自动化资本偏向型技术进步会通过增加替代的低级别工作任务 S,产生破坏效应,减少劳动力需求,由于自动化资本偏向型技术进步替代的低级别工作任务主要由低技能劳动力完成,因此产生对低技能劳动力的破坏效应;第二,自动化资本偏向型技术进步会通过增加新的高级别的任务 U,产生创造效应,增加劳动力需求,由于高级别的工作任务主要由高技能劳动力完成,因此这里的创造效应主要针对高技能劳动力;第三,自动化资本偏向型技术进步通过增加替代的低级别任务 S 和高级别任务 U 产生产出规模效应和生产率效应,进一步影响就业。

2. 自动化资本偏向型技术进步对工资水平的影响机制

第一,自动化资本偏向型技术进步会通过增加替代的低级别任务 S,一方面产生破坏效应,减少工资,另一方面产生生产率效应,影响工资水平。第二,自动化资本偏向型技术进步会通过增加高级别工作任务 U,产生创造效应和生产率效应,进而影响工资水平。

3. 自动化资本偏向型技术进步对工资差距的影响机制

自动化资本偏向型技术进步通过增加替代的低级别任务 S 以及创造高级别任务 U 产生对低技能劳动力的破坏效应和高技能劳动力的补偿效应,拉大了高低技能劳动力的工资差距;面板门槛模型检验结果表明,这种技术进步与劳动力技能的不匹配加剧了高低技能劳动力工资差距扩大效应。

4. 基于已有文献研究,本书提出的假说

制造业企业自动化资本偏向型技术进步会对就业总量产生替代效应,主要表现为对低技能劳动力的破坏和对高技能劳动力的创造效应;制造业企业自动化资本偏向型技术进步可以提升劳动力的工资水平,同时拉大高低技能劳动力的工资差距;这种技术进步还会基于产业关联效应和技术溢出效应,对上下游企业劳动力就业产生替代效应,对其工资水平产生促进效应,同时拉大高低技能劳动力的工资差距。

第五章 自动化资本偏向型技术进步对就业影响的实证研究

除了理论分析制造业自动化资本偏向型技术进步对就业总量的影响及机理之外,还需要实证检验两者之间的关系。第一节首先对实证检验模型进行设定。第二节不仅考察了这种技术进步对就业总量的影响,还探究了其对就业总量中所包含的高低技能劳动力就业的影响,以捕捉就业总量中的结构性变化。由于自动化资本偏向型技术进步对不同类型的任务有异质性作用,在第二节异质性分析中将这种技术进步对就业总量的影响进一步分解为对制造业企业生产、财务、行政管理、科研技术、销售人员就业的影响。基于中国企业在要素投入和创新发展上存在典型的所有制、地域与行业差异性,第二节还从上述几方面进行异质性分析。为了保证基准回归的稳健性和可靠性,在第三节和第四节分别作了稳健性和内生性检验。在第五节探讨制造业自动化资本偏向型技术进步对就业的影响机制,以及检验政府补助与市场集中度如何影响制造业企业自动化资本偏向型技术进步对低技能劳动力的破坏效应和高技能劳动力的创造效应。考虑到制造业上下游企业之间存在着一定的关联效应,在第六节考察了这种技术进步对制造业上下游企业就业的影响及机制。以往工业化结果表明,技术进步造成了小范围失业并引致劳动力市场的结构性调整,但当技术进步达到一定阶段并不会引起失业,还会增加就业岗位(邓洲和黄娅娜,2019)。因此,为了全面以及动态研究制造业企业自动化资本偏向型技术进步对就业的影响,需从长期和非线性视角进一步检验两者的关系,第七节考察了这种技术进步对就业总量和高低技能劳动力就业的影响是否存在非线性特征。

第一节 模型设定与变量说明

为了检验制造业企业自动化资本偏向型技术进步对就业的影响,本书借鉴 Acemoglu 和 Restrepo(2018),并基于理论模型的分析,建立如下回归模型:

$$\ln l_{it} = \alpha + \beta bias_{it} + \theta X + v_i + \mu_t + \varepsilon_{it} \tag{5.1}$$

其中,$\ln l_{it}$ 为被解释变量,即企业就业总量对数值,采用企业员工人数来衡量;$bias_{it}$ 为核心解释变量[①];X 为一系列控制变量,控制变量的选取依据理论模型(4.9),并借鉴李磊等(2016)以及毛其淋和许家云(2016)的做法,主要包括以下因素:(1)企业总资产对数值($\ln asset_{it}$)。用来控制企业拥有的生产资源对就业的影响,生产资源越多,越有可能增加对劳动力的需求。(2)企业研发支出对数值($\ln rd_{it}$)。用来控制企业创新投入对就业的影响(方建国和尹丽波,2012)。(3)企业出口规模对数值($\ln ex_{it}$)。用来控制企业外需对就业的影响,企业外需增加,会扩大生产规模,进而增加对劳动力的需求(Dauth 等,2014;张川川,2015)。由于上市公司年报中披露的关于企业出口的数据是中国港澳台及境外业务收入,因此选择此指标作为代理变量。(4)企业年龄对数值($\ln age_{it}$)。企业年龄为样本期内企业有效成立时间,用统计年份与企业成立年份之差加 1 表示,用来控制企业生命周期对就业的影响。鉴于企业处于成长、成熟、衰退不同阶段的融资约束、现金流量、产出规模、创新投入、生产效率等均有明显差异,从而会影响企业就业规模(童锦治等,2018;刘诗源等,2020)。(5)企业员工平均工资对数值($\ln w_{it}$)。员工平均工资采用上市公司员工人均薪酬衡量,用来控制制造业劳动力成本对就业总量的影响,企业劳动力成本越高,基于节约成本的动机,会导致企业减少劳动力的需求。

解释变量和控制变量数据同样来源于国泰安和 choice 东方财富数据库。并对原始数据做如下处理:剔除关键性指标明显错误的数据(如总资产、研发支出、企业员工平均工资、境外业务收入为负的数据),剔除 ST、ST* 企业样本,对所有变量进行 1% 及 99% 分位的缩尾处理,并对企业总资产、研发支出、员工平均工

[①] 同第三章第二节关于计量模型构建以及变量说明中 $bias_{it}$ 的测度与数据处理方法。

资、企业境外业务收入进行指数平减。① 此模型控制了个体、时间的固定效应②；分别设定为 v_i、φ_t。具体变量说明见表 5.1，相关变量的描述性统计见表 5.2，$\ln L$、$\ln Z$ 的均值分别为 7.45、5.72，可知制造业上市企业的低、高技能劳动力就业人数均值分别为 1 720、305，意味着制造业企业低技能劳动力数量的均值远大于高技能劳动力，技能升级依然有较大空间；自动化资本偏向型技术进步均值为 0.17，最小值与最大值差异较大，意味着企业层面的样本更能准确反映这种技术进步的特点。

表 5.1　　　　　　　　　　　相关变量说明

变量类型	变量符号	变量含义
被解释变量	$\ln l_{it}$	就业总量对数值
核心解释变量	$bias_{it}$	自动化资本偏向型技术进步指数
	$\ln asset_{it}$	总资产对数值
	$\ln rd_{it}$	研发支出对数值
控制变量 X	$\ln ex_{it}$	企业出口规模对数值
	$\ln age_{it}$	企业年龄对数值
	$\ln w_{it}$	员工平均工资对数值

表 5.2　　　　　　　　　　相关变量描述性统计

变量	观测值	均值	标准差	最小值	最大值
$\ln l$	17 814	7.512 5	1.173 5	5.118 0	10.670 5
$\ln L$	14 624	7.453 1	1.182 0	4.948 8	10.572 5
$\ln Z$	14 624	5.724 7	1.192 7	3.091 0	8.988 2
$bias$	3 960	0.169 8	0.193 5	0.054 7	1.557 4
$\ln asset$	19 446	21.499 9	1.355 0	15.353 9	27.349 6
$\ln rd$	17 428	13.973 6	1.759 0	1.027 6	22.473 6
$\ln ex$	13 544	18.902 9	2.238 6	6.076 8	25.497 0

---

① 同第三章第二节关于计量模型构建以及变量说明中变量的指数平减方法。
② 本书对回归模型进行了 F 检验和 Hausman 检验，检验结果拒绝了混合模型回归和随机效应估计，再进行年度虚拟变量的联合显著性检验，F 检验的 P 值等于 0.000 0，拒绝"无时间效应"的原假设。

续表

变量	观测值	均值	标准差	最小值	最大值
lnage	20 683	2.679 1	0.478 6	1	4.158 9
lnw	17 795	11.463 4	0.446 5	5.002 4	14.623 0

第二节 基准回归结果

一、基准回归

制造业企业自动化资本偏向型技术进步对就业影响的基准回归结果见表5.3，$bias$ 系数在1%统计水平上均显著为负，表明制造业企业自动化资本偏向型技术进步会显著减少就业总量，这是由于企业投入更多的自动化资本，产生机器替代劳动力的效应，从而减少对劳动力的需求，这与王光栋（2014）、钟世川（2015）、程虹等（2018）的研究结果一致。在控制变量方面，企业资产规模越大、企业研发支出越多、企业对外贸易规模越大，对制造业企业就业规模就越具有显著的促进作用，企业员工平均工资上升则会显著减少就业规模，这与李磊等（2016）、毛其淋和许家云（2016）的研究结果相同。资产规模代表企业的基础实力，企业资产规模越大，就越有可能增加就业岗位；企业研发投入的增加会导致新的劳动力需求；企业对外贸易规模越大，表明国外市场对企业产品需求越大，企业就越有可能扩大就业规模；企业员工平均工资水平上升，会增加企业经营成本，导致企业减少就业岗位。

表5.3 基准回归结果

变量	(1) lnl
$bias$	−0.169 9***
	(−3.538 1)
lnasset	0.493 3***
	(15.559 0)
lnrd	0.187 7***
	(8.239 8)

续表

变量	(1)
	ln*l*
ln*ex*	0.061 3***
	(6.855 0)
ln*age*	0.213 4
	(1.408 2)
ln*w*	−0.336 9***
	(−7.248 8)
N	2 677
adj.R^2	0.971 5
企业固定效应	控制
年份固定效应	控制

二、自动化资本偏向型技术进步对就业结构的影响

就业总量的变化还无法准确捕捉其中的结构性变化,根据理论模型(4.11)和式(4.12),自动化资本偏向型技术进步对就业的影响包括对低技能劳动力的破坏和对高技能劳动力的创造,因此本部分将重点检验其对就业的结构性影响。依据基准模型(5.1),分别将低技能、高技能劳动力就业规模的对数值$\ln L_{it}$和$\ln Z_{it}$作为被解释变量;控制变量在基准模型(5.1)的基础上将企业劳动力平均工资对数值 ln*w* 分别替换为低、高技能劳动力平均工资的对数值 ln*wl* 和 ln*wz*,[1]回归结果见表5.4,制造业企业自动化资本偏向型技术进步对低、高技能劳动力就业规模影响均在1%统计水平上显著,系数分别为−0.26、0.16,表明制造业企业自动化资本偏向型技术进步对低技能劳动力产生了就业破坏效应,对高技能劳动力产生就业创造效应,而且对低技能劳动力的破坏效应大于对高技能劳动力的创造效应。这也意味着在本书所研究的样本中,低技能劳动力冗

---

[1] 根据第三章第一节,高技能劳动力代理变量为研发和技术人员,低技能劳动力为除研发和技术人员以及高管之外的其他人员,即生产人员、行政管理人员、财务人员、销售人员。因此,低技能劳动力平均工资为生产人员(行政管理人员、财务人员、销售人员)工资薪酬之和除以生产人员(行政管理人员、财务人员、销售人员)人数总和。高技能劳动力的平均工资为技术人员和研发人员的平均工资,即企业总薪酬减去低技能劳动力工资和高管工资薪酬后除以高技能劳动力数量总和。

余比较严重,机器替代人存在较大的空间,且随着自动化资本偏向型技术进步不断深化,对与之相匹配的高技能劳动力的需求增加,整个就业结构在向高质量转变。因此,对于中国而言,以智能化为主要方向的自动化技术转型确实会对低端劳动力带来一定的冲击,但其对就业结构的优化升级具有积极效应。

表 5.4　制造业企业自动化资本偏向型技术进步对高低技能劳动力就业影响

变量	(1) $\ln L$	(2) $\ln Z$
$bias$	−0.261 7*** (−5.709 5)	0.158 0*** (2.802 7)
$\ln asset$	0.492 4*** (13.655 6)	0.470 7*** (11.846 2)
$\ln rd$	0.162 8*** (6.874 4)	0.261 8*** (9.134 8)
$\ln ex$	0.060 6*** (5.820 6)	0.048 0*** (4.550 5)
$\ln age$	0.315 7* (1.724 4)	0.390 3* (1.798 8)
$\ln wl$	−0.664 2*** (−12.396 6)	
$\ln wz$		−0.113 4*** (−6.900 8)
N	2 393	2 389
adj. R^2	0.971 1	0.957 7
企业固定效应	控制	控制
年份固定效应	控制	控制

综上可知,制造业企业自动化资本偏向型技术进步对总体劳动力需求具有替代效应,通过进一步结构分解,这种技术进步会替代低技能劳动力,同时创造高技能劳动力,验证了假说 H_1。

三、异质性分析

(一)基于所有制的异质性分析

不同类型的所有制企业,在技术进步和要素投入方面具有典型的差异性,因此本书将制造业上市公司分为国有企业和非国有企业两种类型,分组考察制造业不同所有制企业自动化资本偏向型技术进步对就业的影响。① 分组回归结果如表5.5第(1)(2)列所示,非国有制造业企业自动化资本偏向型技术进步对就业总量的影响在1%的统计水平上显著为负,而国有制造业企业的影响不显著。通过对比国有和非国有制造业企业统计数据可知,非国有、国有制造业企业的自动化与非自动化资本投资比(M_{it}/K_{it})分别为1.29、1,非国有制造业企业的自动化资本偏向型技术进步指数均值为0.18,国有制造业企业的$bias$均值则为0.13,且国有、非国有制造业企业低技能劳动力数量均值分别为6 241人和2 688人。这意味着,与国有企业相比,非国有企业为了提高生产率、降低劳动力成本,有较大的动力进行自动化投资,提升自动化资本偏向型技术进步水平,非国有制造业企业自动化资本偏向型技术进步指数更大,对就业的负向效应较显著。而国有企业作为社会"维稳器",承担"保就业、稳就业"的社会责任,因此自动化资本投资动力不足,自动化资本偏向型技术进步不够显著。这也意味着,非国有企业在加大自动化资本投入、推动自动化资本偏向型技术进步的同时,要重视其对就业的替代效应,加强对劳动力的技能培训,使企业劳动力与自动化资本偏向型技术进步相匹配。随着国有企业所有制改革以及自动化改造步伐加快,因其吸纳了较大规模的低技能劳动力就业,势必需要更加注重对低技能劳动力的技能提升。

表5.5　　　　　　　　　基于不同所有制和区域的异质性分析

变量	不同所有制		不同区域	
	(1) 国有	(2) 非国有	(3) 东部	(4) 中西部
	$z\_\ln l$	$z\_\ln l$	$z\_\ln l$	$z\_\ln l$
z_bias	0.003 2 (0.170 1)	−0.035 4*** (−3.934 4)	−0.026 6** (−2.277 5)	−0.038 0** (−2.557 9)
$z\_lnasset$	0.781 0*** (15.657 1)	0.522 9*** (12.090 8)	0.576 4*** (9.597 2)	0.539 0*** (5.971 4)
z_lnrd	0.106 9*** (2.799 4)	0.327 4*** (8.123 0)	0.287 9*** (4.943 0)	0.251 8*** (3.145 2)

---

① 为了直接比较不同所有制企业的样本,在分组回归前,先对所有变量进行标准化处理。关于不同区域和行业的异质性分析,分组回归前同样需对所有变量进行标准化处理。

续表

变量	不同所有制		不同区域	
	(1)	(2)	(3)	(4)
	国有	非国有	东部	中西部
	$z\_\ln l$	$z\_\ln l$	$z\_\ln l$	$z\_\ln l$
$z\_\ln ex$	0.051 8***	0.125 9***	0.114 2***	0.129 0***
	(2.631 4)	(6.250 6)	(4.123 1)	(3.549 5)
$z\_\ln age$	0.081 3	0.116 3	0.073 0	0.146 2
	(1.071 3)	(1.565 3)	(0.608 5)	(1.306 0)
$z\_\ln w$	−0.211 1***	−0.093 9***	−0.133 5***	−0.104 4**
	(−8.161 4)	(−4.613 1)	(−4.305 1)	(−2.110 2)
N	645	2 032	2 051	626
adj.R^2	0.980 8	0.964 5	0.959 3	0.972 7
企业固定效应	控制	控制	控制	控制
年份固定效应	控制	控制	控制	控制

(二)基于区域的异质性分析

为了考察不同区域的制造业企业自动化资本偏向型技术进步对就业的影响,本书将制造业上市公司所属地区分为东部和中西部。分组回归结果[见表5.5第(3)(4)列]表明,中西部、东部制造业企业自动化资本偏向型技术进步对就业的影响均显著为负,且中西部的负面影响更大。这可能是因为中西部制造业企业执行低级别、简单任务的低技能劳动力更多,而东部与自动化资本相匹配的高技能劳动力更多[①],因此制造业企业自动化资本偏向型技术进步对中西部企业的劳动力具有较大的替代效应。这意味着政府在"稳就业、保就业民生"方面,要根据不同区域的技术进步现状,制定不同的就业政策,需要更加重视自动化资本偏向型技术进步对中西部制造业就业的负向效应,加大对中西部制造业就业人员的技能提升和转岗培训扶持力度。

(三)基于行业的异质性分析

第三章第一节测度结果表明,制造业不同细分行业的自动化资本偏向型技术进步有较大的差异,本书按照2011年OECD制造业技术分类标准,将制造业上市

---

① 基于本书数据,东部、中西部制造业企业的高、低技能劳动力数量均值的比值分别为0.19、0.17。

公司所属行业分为高技术、中高技术、低技术①,考察不同技术类型的制造业企业自动化资本偏向型技术进步对就业规模的影响。分组回归结果如表 5.6 所示,制造业企业自动化资本偏向型技术进步指数对高技术、中高技术和低技术行业企业就业的影响均显著为负,系数分别为-0.02、-0.03、-0.13。通过对比不同行业制造业企业统计数据可知,高、中高与低技术行业低技能劳动力数量的算数平均数分别为 2 814 人、3 488 人、4 821 人。因此,低技术行业制造业企业自动化资本偏向型技术进步对就业总量负向影响最大,中高技术行业次之,高技术行业影响最小,这说明低技术行业制造业企业在投入自动化资本、发展自动化资本偏向型技术进步的同时,会较大幅度地减少对劳动力的需求,导致其较多劳动力向其他部门转移。

表 5.6　　　　　　　　基于不同行业的异质性分析

变量	(1) 高技术 $z\_\ln l$	(2) 中高技术 $z\_\ln l$	(3) 低技术 $z\_\ln l$
z_bias	-0.017 0* (-1.877 6)	-0.039 1*** (-2.685 4)	-0.133 3** (-2.125 1)
$z\_\ln asset$	0.510 6*** (9.302 1)	0.520 8*** (9.819 9)	0.581 6*** (6.543 8)
$z\_\ln rd$	0.353 2*** (6.809 7)	0.363 8*** (6.290 6)	0.138 2** (2.578 8)
$z\_\ln ex$	0.129 4*** (4.938 4)	0.085 2*** (3.577 7)	0.133 4*** (3.293 2)
$z\_\ln age$	-0.126 3 (-1.415 0)	0.214 6** (2.243 9)	0.396 9** (2.461 2)
$z\_\ln w$	-0.151 2*** (-5.484 0)	-0.099 1*** (-3.824 2)	-0.108 0*** (-3.272 5)
N	1 075	955	647
adj. R^2	0.972 1	0.977 8	0.964 5
企业固定效应	控制	控制	控制
年份固定效应	控制	控制	控制

(四)自动化资本偏向型技术进步对不同岗位劳动力需求的影响

由于自动化资本偏向型技术进步对不同类型的任务有异质性作用(Acemo-

---

① 同第三章第二节行业异质性分析中行业的划分。

glu 和 Restrepo,2018),本书将这种技术进步对就业总量的影响进一步分解为对不同岗位劳动力需求的影响。由于制造业上市企业年报中披露了企业不同岗位员工人数,其中包括生产人员、财务人员、研发技术人员、销售人员以及行政管理人员,因此本节检验了自动化资本偏向型技术进步对上述五种岗位员工就业的影响,回归结果见表5.7。其中,*bias* 对生产人员、财务人员以及行政管理人员就业的影响显著为负,且对生产人员的负向效应最大;对研发技术人员就业的影响显著为正,对销售人员的影响不显著。这意味着自动化资本偏向型技术进步会显著提高研发人员和技术人员这类与自动化资本高度互补的劳动力的需求。然而,由于生产人员工作内容复杂度低、可重复性强,极易被这种技术进步替代;因为自动化资本偏向型技术进步基于机器设备和电子设备,近年来企业智能财务系统和办公管理系统的快速普及,大大提高了财务人员和行政管理人员的工作效率,从而减小了对这两种劳动力的需求;销售人员的工作任务主要是与客户沟通,发掘客户的需求,向客户推荐能够满足客户需求的产品,并长期维系与客户的关系,这种类型的工作任务很难被这种技术进步所替代,因此自动化资本偏向型技术进步对销售人员的就业没有显著影响。这意味着,制造业企业自动化资本偏向型技术进步虽然对劳动力需求总体表现为替代效应,但可以将企业劳动力进行更为细致的划分,从而考察其对不同岗位劳动力需求的异质性影响;制造业企业不仅要关注提升研发技术人员的技能水平,使其与这种技术进步匹配度更高,还要关注加强生产人员、财务人员、行政管理人员的技能提升和岗位培训,使其更加适应这种技术进步,一方面可以向研发技术人员转变,另一方面可以加强员工的客户沟通和服务能力,从而应对自动化资本偏向型技术进步对自身岗位的冲击。

表 5.7　　自动化资本偏向型技术进步对不同岗位劳动力需求的影响

变量	(1) 生产人员 ln*l_produce*	(2) 财务人员 ln*l_finance*	(3) 研发技术人员 ln*l_tech*	(4) 销售人员 ln*l_sale*	(5) 行政管理人员 ln*l_ad*
bias	−0.283 0*** (−4.720 7)	−0.135 9** (−2.427 1)	0.134 9** (2.146 7)	−0.062 4 (−0.793 4)	−0.145 8** (−2.099 4)
ln*asset*	0.498 6*** (9.662 4)	0.466 7*** (10.105 4)	0.479 0*** (9.598 6)	0.481 0*** (7.612 9)	0.340 6*** (4.794 0)

续表

变量	(1) 生产人员 ln*l*_produce	(2) 财务人员 ln*l*_finance	(3) 研发技术人员 ln*l*_tech	(4) 销售人员 ln*l*_sale	(5) 行政管理人员 ln*l*_ad
ln*rd*	0.219 1*** (5.978 7)	0.075 0** (2.252 4)	0.258 4*** (8.455 8)	0.146 4*** (2.946 1)	0.167 9*** (3.396 7)
ln*ex*	0.062 3*** (3.509 8)	0.042 3*** (2.733 4)	0.047 0*** (3.559 2)	0.027 9* (1.725 2)	0.034 0 (1.584 3)
ln*age*	0.387 8 (1.230 8)	0.665 6** (2.490 2)	0.343 1 (1.136 2)	0.239 7 (0.695 4)	0.856 3** (2.071 8)
ln*wl*	−0.708 5*** (−5.690 8)				
ln*wz*		0.015 8 (0.885 1)	−0.108 4*** (−4.878 0)	0.013 9 (0.608 4)	0.055 8** (2.390 5)
N	2 393	2 253	2 389	2 364	2 356
adj. R^2	0.954 7	0.943 6	0.945 9	0.942 0	0.880 7
企业固定效应	控制	控制	控制	控制	控制
年份固定效应	控制	控制	控制	控制	控制
F	65.804 8	42.778 4	85.950 3	32.806 9	21.596 9

第三节 稳健性检验

本书做了如下稳健性检验：

(1)基于 Henningsen 和 Kumbhakar(2009)、Binlei Gong(2018)，结合 Varying Coefficient Model(VCM)回归模型重新测算制造业企业自动化资本偏向型技术进步指数 $bias1_{it}$[①]，替换原有的指标 $bias_{it}$。$bias1_{it}$ 的测算仍基于式(3.12)，不同在于，采用 VCM 模型计算自动化和非自动化资本产出弹性时，

---

① SFA 生产函数形式为 $\ln Y_{it} = \alpha_{it} + \beta_{it}^M \ln M_{it} + \beta_{it}^k \ln K_{it} + \beta_{it}^Z \ln Z_{it} + \beta_{it}^L L_{it} + v_{it} - u_{it}$。第一，采用 R 语言"gamlss"包计算出 β_{it}^M 和 β_{it}^k；第二，$\beta_{it}^M = \gamma_1 + a_1 t + \varepsilon_{it}$，$\beta_{it}^K = \gamma_2 + a_2 t + \varepsilon_{it}$，$\beta_{it}^M$ 和 β_{it}^k 分别对 t 回归，计算出随时间变化的弹性系数 a_1 和 a_2；第三，由于 $\beta_{it}^M = \varepsilon_M$，$\beta_{it}^K = \varepsilon_K$，将 β_{it}^M、β_{it}^K、a_1、a_2 代入公式(3.12)，最终计算出 $bias1_{it}$。

该方法比 OLS 残差更小、拟合度更高,但如果数据过多,则会出现过度拟合的情况;与超越对数随机前沿生产函数相比,采用 VCM 模型算出的投入要素产出弹性随时间变化,但不随个体变化。重复模型(5.1),回归结果见表5.8第(1)列,核心解释变量 $bias1_{it}$ 的系数在 1% 统计水平下负显著,表明改变了制造业企业自动化资本偏向型技术进步指数的测度方法,基准回归结果仍然显著。

(2)借鉴王林辉等(2014)的研究,将高技能劳动力用企业本科及以上学历的员工来替代,低技能劳动力替换为本科学历以下的员工,重新测度制造业企业自动化资本偏向型指数,表示为 $bias2_{it}$。基于模型(5.1),表5.8第(2)列报告了回归结果,$bias2_{it}$ 的系数在 1% 水平上同样显著为负,意味着替换高低技能劳动力的代理变量,本书结论依然保持稳健。

(3)借鉴王家庭等(2019)和余泳泽等(2020)的做法,将被解释变量 lnl 最大、最小 2.5% 的数值剔除,结果如表5.8第(3)列所示,bias 系数在 1% 统计水平上显著为负,说明结果是稳健的。

(4)安慰剂检验。除内生性问题外,对制造业企业自动化资本偏向型技术进步与就业因果关系的识别可能还存在另一方面的挑战。随着劳动力成本上升、人口老龄化加剧以及信息技术产业的快速发展,制造业企业就业可能存在不断下降的趋势。在这种情形下,上述估计可能会混淆自动化资本偏向型技术进步带来抑制就业的效应与制造业企业就业规模先前就存在不断减小的趋势。为处理这一顾虑,本书通过安慰剂检验,考察未来的自动化资本偏向型技术进步是否与 2012 年以前的制造业企业就业规模有关。采用 2012—2019 年制造业企业自动化资本偏向型技术进步指数对 2004—2011 年企业的就业总量(lnl_before)进行回归,理论上未来的制造业企业 bias 不可能影响到过去的就业规模,如果得出显著的回归结果,则不能排除 bias 与制造业企业就业总量的趋势相关性。表5.8第(4)列报告了估计结果,可以看出,核心解释变量 bias 的估计系数不显著,表明 2012 年之前的 lnl_before 与现阶段 bias 无关,不存在两者之间的趋势相关性,再次确保基准回归结果的稳健性。

表 5.8 稳健性检验

变量	(1) 采用 VCM 重新测度 bias ln$l$	(2) 替换代理变量 ln$l$	(3) 剔除 ln$l$ 最大、最小 2.5% 的数值 ln$l$	(4) 安慰剂检验 lnl_before
bias1	−5.047 0*** (−7.301 3)			
bias2		−1.131 5*** (−5.541 4)		
bias			−0.169 9*** (−2.613 6)	−0.027 0 (−1.614 6)
ln$asset$	0.617 2*** (40.335 9)	0.656 3*** (22.911 3)	0.493 3*** (11.049 9)	−0.135 5** (−2.002 3)
lnrd	0.134 7*** (11.009 8)	−0.004 5 (−0.193 9)	0.187 7*** (5.847 2)	−0.024 0 (−0.606 0)
lnex	0.093 8*** (15.772 2)	0.037 0*** (4.577 2)	0.061 3*** (5.077 3)	0.060 5*** (2.918 8)
lnage	0.029 7 (0.830 0)	−0.004 3 (−0.023 0)	0.213 4 (0.961 5)	3.725 7*** (3.560 7)
ln$w$	0.029 7 (0.830 0)	−0.004 3 (−0.035 2)	−0.336 9*** (−4.695 0)	−0.607 7*** (−5.461 5)
_cons	−1.342 0*** (−2.781 6)			
N	2 366	3 224	2 677	1 288
adj.R^2	0.745 2	0.969 0	0.963 6	0.910 5
企业固定效应	控制	控制	控制	控制
年份固定效应	控制	控制	控制	控制

第四节 内生性检验

本书做了如下内生性检验：

其一,遗漏变量问题。本书借鉴赵奎等(2021)的做法,在基准模型(5.1)的基础上,进一步控制了个体和行业的交乘项、个体和时间的交乘项以及时间和行业的交乘项,在一定程度上可以解决遗漏变量所导致的内生性问题。表 5.9 第

(5)列报告了 2SLS 回归结果,表明控制了固定效应的交乘项后,$bias$ 的系数仍在 1% 统计水平上显著为负,且与基准回归相比,$bias$ 的系数变化不大,意味着遗漏变量导致的内生性问题较小。

其二,反向因果问题。制造业企业自动化资本偏向型技术进步与就业可能存在逆向因果,即劳动力供给不足促使企业投入更多自动化资本,从而使制造业企业技术进步偏向于自动化资本。针对可能存在的互为因果问题,本书参照现有文献,选择三个工具变量加以解决。

(1)借鉴孙楚仁等(2013)、赵瑞丽等(2016)和刘贯春等(2017)的做法,以 $bias$ 滞后一期($L.bias$)作为工具变量进行两阶段最小二乘法回归,结果见表 5.9 第(2)(3)列。

(2)构造制造业两分位行业层面的自动化资本偏向型技术进步指数的算数平均数($meanbias$)作为工具变量(张杰等,2015),表 5.9 第(4)(5)列报告了 2SLS 回归结果。第(2)(4)列展示了第一阶段估计结果,表明 $bias$ 滞后一期以及两分位行业层面的自动化资本偏向型技术进步指数的算数平均数与 $bias$ 显著相关,但与当期企业层面的 $\ln l$ 没有直接关系,且根据 F 统计量以及不可识别检验结果可知,两个工具变量是合理的。表 5.9 第(3)(5)列所示的第二阶段回归结果表明,$bias$ 的系数均显著为负,通过对比基准回归与第(3)(5)列结果可知,核心解释变量与控制变量系数在显著性和正负性上基本一致,而且考虑了内生性问题后,制造业企业自动化资本偏向型技术进步对就业规模的负向影响显著增加。

(3)同第三章第二节内生性检验方法,本书借鉴 Paul 等(2020)和赵奎等(2021),采用份额移动法构造 Bartik 工具变量。本节关注的自变量为 $bias_{it}$,首先需要构造行业层面的自动化资本偏向型技术进步增长率 g_{jt}。由于缺乏行业层面自动化资本、非自动化资本的数据,考虑到自动化资本偏向型技术进步本质上也属于资本偏向型技术进步,因此本节测算了 2012—2019 年制造业二位码行业层面的资本偏向型技术进步指数[①],并以 2012 年为初始年份 t_0,以 2012 年的

[①] 同样采用超越对数生产函数测算 2012—2019 年制造业行业层面的资本偏向型技术进步指数(涂正革和肖耿,2005;张月玲等,2015;王班班和齐绍洲,2014)。根据数据的可获得性,制造业行业总产出采用各制造业行业规模以上企业的工业销售产值衡量;资本投入方面,借鉴张军(2003)的做法,用永续盘存法测度资本存量;劳动投入用制造业行业规模以上企业年末从业人数表示。数据来源于《中国工业统计年鉴》以及《中国劳动统计年鉴》。

资本偏向型技术进步指数值为基准,测算出 2012—2019 年二位码行业层面的资本偏向型技术进步增长率作为 g_{jt}。因此,份额移动法构造的 $bias_{it}$ 的工具变量可以表示为:

$$bias\_iv_{ijt} = \sum_{i \in J} bias_{ijt_0} \times (1+g_{jt}) \qquad (5.2)$$

此工具变量通过初始状态 $bias_{ijt_0}$ 与外生的增长率 g_{jt} 运算得到,显然会与 $bias_{it}$ 高度相关,在适当控制了个体、行业和年份层面的固定效应后,该 Bartik 工具变量不会与其他影响企业 bias 的残差项相关,且通过了不可识别检验,符合工具变量的基本要求。表 5.9 第(6)(7)列分别报告了两阶段最小二乘法估计的第一、第二阶段的结果。第一阶段 bias 的系数显著为正,表明通过份额移动法模拟出的自动化资本偏向型技术进步指数的估值与实际估值高度相关。第二阶段核心解释变量的系数在 1% 统计水平上显著为负,且与基准回归相比,bias 的系数明显增加。这意味着存在反向因果影响,本书的基准回归结果依然可靠。

表 5.9　　　　　　　　　　　　　内生性检验

变量	(1) 控制固定效应交乘项 ln*l*	(2) 第一阶段 bias	(3) 第一阶段 ln*l*	(4) 第二阶段 bias	(5) 第一阶段 ln*l*	(6) 第二阶段 bias	(7) 第一阶段 ln*l*
bias	−0.170 0*** (−2.632 8)		−0.598 0*** (−5.936 4)		−0.577 5** (−2.258 4)		−0.464 2*** (−3.760 7)
L.bias		0.585 3*** (2.680 8)					
meanbias				0.449 5** (2.519 9)			
bias_iv						0.365 0***	(7.234 3)
ln*asset*	0.494 5*** (11.138 8)	−0.048 0*** (−3.437 3)	0.509 2*** (23.113 4)	−0.040 8*** (−2.765 9)	0.617 4*** (29.935 8)	−0.002 9 (−0.161 1)	0.406 1*** (9.653 5)
ln*rd*	0.187 7*** (5.863 7)	−0.014 6** (−2.403 8)	0.232 3*** (11.566 8)	−0.023 8*** (−3.573 3)	0.082 5*** (8.452 6)	0.021 8 (0.526 6)	−0.224 4 (−1.124 9)
ln*ex*	0.061 1*** (5.105 1)	−0.000 3 (−0.112 7)	0.078 8*** (12.610 2)	−0.009 5*** (−2.903 3)	0.089 0*** (13.182 6)	−0.006 7 (−0.675 1)	0.290 2*** (10.699 9)
ln*age*	0.197 9 (0.882 7)	0.114 6 (1.168 1)	0.081 7** (2.148 0)	0.033 4 (0.525 1)	0.059 3* (1.731 1)	−0.010 5*** (−2.853 1)	0.066 0*** (5.313 8)
ln*w*	−0.333 6*** (−4.699 5)	0.010 2 (0.527 2)	−0.608 8*** (−17.795 1)	0.040 8** (2.029 1)	−0.471 1*** (−12.348 9)	0.030 1 (1.521 7)	−0.420 6*** (−8.329 8)
id_year	0.000 0 (0.079 4)						
code_year	0.000 3 (0.492 1)						

续表

变量	(1) 控制固定效应交乘项 lnl	(2) 第一阶段 bias	(3) 第二阶段 lnl	(4) 第一阶段 bias	(5) 第二阶段 lnl	(6) 第一阶段 bias	(7) 第二阶段 lnl
id_code	4.7×10⁸ (−0.724 3)						
_cons			−1.273 6*** (−2.953 7)		−3.282 5*** (−9.666 4)		
N	2 677	1 993	2 054	2 677	2 898	710	710
adj. R^2	0.971 6	0.777 5	0.770 3	0.732 2	0.748 4	0.801 4	0.513 0
F	63.641 7	11.107 8	1 200	18.020 7	1 500	14.610 2	98.763 6
不可识别检验			59.065***		45.518***		279.943***
企业固定效应	控制	控制	控制	控制	控制	控制	控制
年份固定效应	控制	控制	控制	控制	控制	控制	控制
行业固定效应						控制	控制

第五节 机制检验

一、就业总量的影响机制检验

本书基于理论模型(4.11)和(4.12)以及基准回归模型(5.1),通过借鉴Baron和Kenny(1986)、温忠麟等(2004)的方法,分别检验生产率效应、产出规模效应两种机制,构建如下中介效应检验模型:

$$\ln l_{it}=\alpha+\beta bias_{it}+\theta X+v_i+\mu_t+\varepsilon_{it} \quad (5.3)$$

$$Mech_{it}=\alpha+\beta bias_{it}+\theta X+v_i+\mu_t+\varepsilon_{it} \quad (5.4)$$

$$\ln l_{it}=\alpha+\beta bias_{it}+\theta X+\gamma Mech_{it}+v_i+\mu_t+\varepsilon_{it} \quad (5.5)$$

(一)生产率效应

根据理论模型(4.11)和(4.12),首先检验生产率效应这一影响机制。采用全要素生产率作为被解释变量 $Mech_{it}$。结果如表5.10所示,$bias_{it}$以及 TFP_{it}[①] 的系数均显著,说明生产率效应是自动化资本偏向型技术进步对就业的影响机制。根据表5.10第(2)列,bias的系数显著为正,表明制造业企业自

---

① 测算方法见第三章第二节关于计量模型构建以及变量说明中TFP的测算方法。

动化资本偏向型技术进步会显著提高企业生产率,这是由于自动化资本偏向型技术进步一方面通过替代低级别、可重复性强的简单任务,提高了企业劳动力的整体生产效率;另一方面,高技能劳动力与自动化资本有效匹配和协作,能够提升高技能劳动力的生产率。而且根据第(3)列,企业生产率对就业总量的影响在5%统计水平上显著为负,这可能是因为企业劳动力的生产效率提高,为了节约劳动力成本,会减少对劳动力的需求。由此可知,制造业企业自动化资本偏向型技术进步通过提升企业生产效率,对劳动力需求产生替代效应。

表 5.10　　　　　　　　　　生产率效应机制检验

变量	(1) $\ln l$	(2) TFP	(3) $\ln l$
$bias$	−0.169 9*** (−3.538 1)	0.051 6* (1.694 9)	−0.166 9*** (−3.493 9)
$\ln asset$	0.493 3*** (15.559 0)	0.113 8*** (5.372 6)	0.504 3*** (15.922 0)
$\ln rd$	0.187 7*** (8.239 8)	0.037 3* (1.926 8)	0.190 6*** (8.415 8)
$\ln ex$	0.061 3*** (6.855 0)	0.009 8* (1.679 7)	0.061 9*** (6.956 0)
$\ln age$	0.213 4 (1.408 2)	−0.138 6 (−1.431 7)	0.205 0 (1.346 9)
$\ln w$	−0.336 9*** (−7.248 8)		−0.321 6*** (−6.998 8)
TFP			−0.095 1** (−2.543 7)
N	2 677	2 678	2 677
adj. R^2	0.971 5	0.842 3	0.971 7
企业固定效应	控制	控制	控制
年份固定效应	控制	控制	控制

(二)产出规模效应

将企业营业收入对数值$\ln Y_{it}$作为被解释变量$Mech_{it}$,表 5.11 报告了回归结果,$bias_{it}$以及$\ln Y_{it}$的系数均显著,符合中介效应检验的要求。根据表 5.11

第(2)列,制造业企业自动化资本偏向型技术进步对企业产出规模的影响在5%统计水平上显著,系数为-0.07,表明制造业企业自动化资本偏向型技术进步会降低企业产出规模①,这可能是因为企业短期的自动化资本投入需要大量资金,其中存在较大的风险,获得收益的周期较长,企业自动化资本投入所产生的成本效应导致产出规模下降(Graetz 和 Michaels,2018)。而且根据第(3)列,企业产出规模对就业总量的影响在1%统计水平上显著为正,意味着企业产出规模的扩大需要匹配更多的劳动力。由此可知,制造业企业自动化资本偏向型技术进步通过减少企业产出规模,对就业产生替代效应。

表 5.11 产出规模效应机制检验

变量	(1) $\ln l$	(2) $\ln Y$	(3) $\ln l$
$bias$	-0.169 9*** (-3.538 1)	-0.070 6** (-1.982 6)	-0.150 0*** (-3.368 8)
$\ln asset$	0.493 3*** (15.559 0)	0.527 6*** (18.460 3)	0.263 4*** (8.098 9)
$\ln rd$	0.187 7*** (8.239 8)	0.153 1*** (7.481 0)	0.121 5*** (5.163 2)
$\ln ex$	0.061 3*** (6.855 0)	0.063 5*** (7.735 0)	0.035 4*** (4.343 1)
$\ln age$	0.213 4 (1.408 2)	0.258 0** (2.213 7)	
$\ln w$	-0.336 9*** (-7.248 8)	0.051 6** (2.021 4)	-0.398 5*** (-9.526 0)
TFP		0.645 8*** (15.908 6)	
$\ln Y$			0.384 8*** (11.241 4)
N	2 677	2 677	2 677

---

① 在(5.4)式解释变量中再加入 $bias$ 的平方项进行回归,实证结果表明,$bias$ 系数为负,$bias$ 二次项系数为正,与第三章第二节表 3.13 进一步讨论的结果相同,制造业企业自动化资本偏向型技术进步与企业产出规模的关系呈"U"型,随着 $bias$ 增加,即制造业企业自动化资本偏向型技术进步指数越大,对企业产出规模的影响会由负转正。制造业企业自动化资本偏向型技术进步会增加企业产出规模,这是由于自动化资本偏向型技术进步所带来的生产效率提升提高了企业的生产能力和盈利能力,刺激企业追加资本和劳动力来扩大生产规模,这与 Graetz 和 Michaels(2018)的研究结果一致。

续表

变量	(1)	(2)	(3)
	ln*l*	ln*Y*	ln*l*
adj. R^2	0.971 5	0.984 5	0.975 5
企业固定效应	控制	控制	控制
年份固定效应	控制	控制	控制

综上,产出规模下降效应、生产率提升效应会导致自动化资本偏向型技术进步对就业总量产生挤出效应。因此,政府在"稳就业"、"保就业民生"过程中重视制造业企业自动化资本偏向型技术进步带来的产出规模下降效应以及生产率提升效应所导致的对就业总量的替代,在自动化资本投入、促进自动化资本偏向型技术进步以及高技能劳动力的培育方面给予一定的支持,促进劳动力的有序转换、接续。

二、低技能和高技能劳动力就业效应的影响机制检验

基准回归结果表明,制造业企业自动化资本偏向型技术进步对就业产生替代效应,通过理论模型推导和实证检验可知,制造业企业自动化资本偏向型技术进步对就业的影响包含对低技能劳动力的破坏效应和高技能劳动力的创造效应。为了深入分析影响这些效应的主要机制,本书将进行进一步检验。基于宋凌云和王贤彬(2013)、Colombo等(2013)、张杰等(2015)、董直庆和王辉(2018)的研究,企业获得的政府补助、所处行业的竞争状态会影响企业的技术进步方向和水平,也会影响企业对劳动力的偏好。为了检验这两个因素如何影响制造业企业自动化资本偏向型技术进步对低技能劳动力的破坏效应和高技能劳动力的创造效应,本书构建交乘项 $bias_{it} \times inter_{it}$,建立回归模型如下:

$$\ln L_{it} = \alpha + \beta bias_{it} + \gamma bias_{it} \times inter_{it} + \theta X + v_i + \mu_t + \varepsilon_{it} \quad (5.6)$$

$$\ln Z_{it} = \alpha + \beta bias_{it} + \gamma bias_{it} \times inter_{it} + \theta X + v_i + \mu_t + \varepsilon_{it} \quad (5.7)$$

其中,$inter_{it}$ 包括 sub_{it} 和 HHI_{it}。sub_{it} 表示企业获得的政府补助强度,用企业获得的政府补助除以企业营业收入来衡量;HHI_{it} 定义为按照制造业两分位行业层面的企业营业收入计算的行业赫芬达尔-赫希曼指数。为了避免模型存在多重共线性,首先对 $bias_{it}$、$inter_{it}$ 以及交乘项 $bias_{it} \times inter_{it}$ 进行去中心化,表

5.12报告了回归结果。第(1)列中,交乘项 $bias \times HHI$ 系数显著为负,而第(2)列的交乘项系数不显著,表明行业市场集中度增大,会加强制造业企业自动化资本偏向型技术进步对低技能劳动力的就业破坏效应。对此可能的解释是,行业市场集中度越大,行业竞争越不激烈,行业的创新和技术进步动力不足,对低技能劳动力投入相对较多,且对低技能劳动力的技能培训和提升欠缺,导致加剧制造业企业自动化资本偏向型技术进步对低技能劳动力的就业破坏效应。表5.12第(3)(4)列中的交乘项 $bias \times sub$ 系数均显著为负,表明企业获得的政府补助越多,会加大制造业企业自动化资本偏向型技术进步对低技能劳动力的就业破坏效应,同时会抑制 $bias_{it}$ 对高技能劳动力的就业创造效应。这可能是由于,政府补助的形式主要包括"财政拨款""财政贴息""税收返还",国家财政部只规定了"财政拨款"的资金用途,并未规定"财政贴息"和"税收返还"的资金用途,因此企业在获得政府的财政贴息和税收返还之后,可自行决定资金的使用;企业为了提高技术水平和生产效率,可能用一部分政府补助投资自动化资本,这会加大对低技能劳动力的替代效应;同时企业为了追求资产高收益率,也会将相当一部分政府补助进行金融资产投资,短期内不利于企业产业规模的扩大,对高低技能劳动的就业规模产生挤出效应(臧志彭,2014)。

表5.12　　　　低技能和高技能劳动力就业效应的影响机制检验

变量	(1) $\ln L$	(2) $\ln Z$	(3) $\ln L$	(4) $\ln Z$
c_bias	−0.735 7*** (−5.322 6)	0.150 9 (1.031 7)	−0.366 2*** (−5.223 3)	0.071 6 (0.831 7)
lnasset	0.484 5*** (13.667 0)	0.470 7*** (11.808 3)	0.474 6*** (11.134 4)	0.457 1*** (9.378 9)
lnrd	0.165 1*** (7.046 4)	0.264 5*** (9.307 5)	0.190 6*** (6.682 5)	0.237 7*** (6.591 8)
lnex	0.062 4*** (6.156 4)	0.048 0*** (4.541 1)	0.056 5*** (5.042 1)	0.035 7** (2.554 5)
lnage	0.303 3* (1.667 4)	0.386 3* (1.782 6)	0.837 1*** (3.705 6)	0.641 3** (2.209 7)
lnwl	−0.655 5*** (−12.487 1)		−0.649 5*** (−10.471 8)	

续表

变量	(1) lnL	(2) lnZ	(3) lnL	(4) lnZ
lnwz		−0.113 3*** (−6.892 5)		−0.108 4*** (−5.564 0)
c_HHI	−1.249 6 (−1.626 3)	−1.218 8 (−1.108 1)		
c_bias_c_HHI	−18.825 9*** (−4.501 5)	−0.266 2 (−0.054 6)		
c_sub			−1.728 5*** (−4.166 8)	−0.840 7 (−1.287 7)
c_bias_c_sub			−3.695 1** (−2.034 4)	−5.778 1** (−2.451 5)
N	2 393	2 389	1 707	1 708
adj. R^2	0.971 9	0.957 8	0.971 4	0.953 1
企业固定效应	控制	控制	控制	控制
年份固定效应	控制	控制	控制	控制

第六节 行业关联效应检验

考虑到制造业上下游行业之间存在着一定的关联效应,为了更全面地考察制造业自动化资本偏向型技术进步对劳动力需求的影响机制,本书检验了制造业这种技术进步对上下游企业就业的影响。与第三章第二节行业关联效应研究相同,本节同样借鉴诸竹君等(2020)的做法,构建上游、下游制造业企业自动化资本偏向型技术进步指数,分别为 $forward\_bias_{it}$、$backward\_bias_{it}$[①],构建方法如下:

$$forward\_bias_{it} = \sum_{j \neq s} \left(input_{jst} \Big/ \sum_{s} input_{jst} \right) \times bias_{ijt} \quad (5.8)$$

$$backward\_bias_{it} = \sum_{j \neq x} \left(output_{jxt} \Big/ \sum_{x} output_{jxt} \right) \times bias_{ijt} \quad (5.9)$$

---

① $forward\_bias_{it}$ 和 $backward\_bias_{it}$ 的测算方法以及式(5.8)、式(5.9)的变量含义,参见第三章第二节行业关联效应检验。

基于基准模型(5.1),将核心解释变量替换为 $forward\_bias_{it}$ 和 $backward\_bias_{it}$,本节首先考察制造业上游(下游)企业自动化资本偏向型技术进步对下游(上游)企业劳动力需求的影响,回归结果如表5.13所示。第(1)(2)列结果显示,$forward\_bias_{it}$ 和 $backward\_bias_{it}$ 的系数均在1%统计水平上显著为正,表明制造业上游(下游)企业 bias 增加会推动下游(上游)企业的自动化资本偏向型技术进步。第(3)(4)列中,$forward\_bias_{it}$ 和 $backward\_bias_{it}$ 的系数均负显著,且 $forward\_bias_{it}$ 系数(−0.41)的绝对值大于 $backward\_bias_{it}$ 系数(−0.14)的绝对值,意味着制造业上游(下游)企业自动化资本偏向型技术进步通过影响下游(上游)企业的这种技术进步水平,进而对下游(上游)企业劳动力需求产生替代效应,验证了假说 H_3,且前向关联的替代效应大于后向关联效应。上游行业或下游行业的自动化资本偏向型技术进步都会通过技术溢出效应提升制造业其他行业的生产效率和自动化水平,从而加剧"机器替代人"的效应,与王永钦和董雯(2020)的研究结果一致。

表5.13 制造业企业自动化资本偏向型技术进步对就业总量的行业关联效应

变量	(1) bias	(2) bias	(3) ln$l$	(4) ln$l$
forward_bias	2.203 8*** (18.417 2)		−0.406 4** (−1.994 6)	
backward_bias		0.466 1*** (5.536 2)		−0.135 2* (−1.697 1)
ln$asset$	−0.011 2 (−1.424 0)	−0.020 1 (−1.633 0)	0.494 8*** (11.056 8)	0.494 6*** (11.213 4)
lnrd	−0.002 3 (−0.680 8)	−0.023 2*** (−3.478 1)	0.187 8*** (5.851 0)	0.191 4*** (5.962 3)
lnex	−0.006 1*** (−3.543 3)	−0.011 5*** (−3.537 3)	0.062 3*** (5.178 5)	0.063 5*** (5.248 7)
lnage	0.028 1 (0.725 2)	0.065 4 (1.049 2)	0.208 7 (0.941 8)	0.198 5 (0.903 8)
ln$w$	0.024 7*** (2.793 1)	0.031 0* (1.657 0)	−0.340 8*** (−4.778 9)	−0.340 7*** (−4.753 1)
N	2 677	2 677	2 677	2 677
adj. R^2	0.909 3	0.756 2	0.971 5	0.971 4

续表

变量	(1)	(2)	(3)	(4)
	$bias$	$bias$	$\ln l$	$\ln l$
企业固定效应	控制	控制	控制	控制
年份固定效应	控制	控制	控制	控制

本节进一步考察 $forward\_bias_{it}$ 和 $backward\_bias_{it}$ 对高低技能劳动力就业的影响。表 5.14 报告了回归结果,第(1)(2)列表明,上游、下游制造业企业自动化资本偏向型技术进步指数对低技能劳动力就业的影响系数均显著为负。这意味着,上游(下游)制造业企业自动化资本偏向型技术进步通过技术溢出效应对下游(上游)行业低技能劳动力产生破坏效应,且前向关联效应大于后向关联效应。第(3)(4)列表明,$forward\_bias_{ijt}$ 对下游高技能劳动力就业的正向影响显著,$backward\_bias_{it}$ 对上游高技能劳动力就业的影响不显著,表示上游行业自动化技术进步的溢出效应要强于下游行业的溢出效应。

表 5.14 制造业企业自动化资本偏向型技术进步
对高低技能劳动力就业的行业关联效应

变量	(1)	(2)	(3)	(4)
	$\ln L$	$\ln L$	$\ln Z$	$\ln Z$
$forward\_bias$	−0.358 6***		0.272 9**	
	(−3.814 0)		(2.250 4)	
$backward\_bias$		−0.168 0**		0.166 9
		(−2.304 8)		(1.379 7)
$\ln asset$	0.493 8***	0.493 2***	0.471 1***	0.471 7***
	(10.047 3)	(10.141 3)	(9.536 1)	(9.496 5)
$\ln rd$	0.164 0***	0.167 5***	0.261 9***	0.259 1***
	(4.780 0)	(4.868 5)	(8.549 4)	(8.436 8)
$\ln ex$	0.061 1***	0.063 4***	0.047 9***	0.046 5***
	(4.328 7)	(4.453 9)	(3.597 2)	(3.499 1)
$\ln age$	0.300 1	0.302 3	0.397 9	0.408 3
	(1.121 9)	(1.135 0)	(1.316 1)	(1.352 8)
$\ln wl$	−0.667 1***	−0.672 6***		
	(−7.833 7)	(−7.881 8)		

续表

变量	(1) lnL	(2) lnL	(3) lnZ	(4) lnZ
lnwz			−0.113 1*** (−4.955 2)	−0.113 7*** (−4.978 8)
N	2 393	2 393	2 389	2 389
adj. R^2	0.971 0	0.970 8	0.957 7	0.957 7
企业固定效应	控制	控制	控制	控制
年份固定效应	控制	控制	控制	控制

第七节 进一步讨论

本书的样本期是2012—2019年,这段时间正是我国自动化技术飞速发展的阶段,自动化资本偏向型技术进步可以看作一个较短期的冲击,Furman和Seamans(2019)的文章指出,自动化等新生产技术对于就业的影响,短期是以岗位替代为主,本书的实证结果证实了这一观点。然而,以往的工业化结果表明,技术进步造成了小范围失业并引致劳动力市场的结构性调整,但当技术进步达到一定阶段并未引起失业,此时技术进步产生的溢出效应增加了新的劳动岗位需求(邓洲和黄娅娜,2019)。因此,仅从短期、线性角度考察技术进步对就业的影响还不够全面,需从长期、非线性视角审视二者之间的真实关系。特别是自动化资本偏向型技术进步需要大量初期投资,技术进步往往并不是一蹴而就的线性路径,需要一定量变的积累才能形成技术进步的质变。短期内的成本压力使得企业规模效应受到抑制、创新效应发生变化,进而对就业形成一定的冲击;但当企业自动化水平逐渐提升后,其规模扩张和生产率效应可能引致就业的增长,整体上二者存在非线性关系。David(2015)从理论上揭示,技术进步对就业总量的影响并非简单的线性影响,机器人在替代部分劳动力的同时,应用机器人也会增加对高技能劳动力的需求。蔡啸和黄旭美(2019)考察了不同人工智能技术生产率的增长幅度对制造业就业的非线性影响,结果表明,人工智能致使生产率增长幅度较小时,会对制造业就业有破坏效应;而生产率增长幅度较大时,会促进制造业就业。但已有文献较少聚焦于自动化资本偏向型技术进步考察对就业的非线性影响,鲜有文献检验自动化技术对就业结构的非线性影响,本书对此作了进一步的分析。

一、自动化资本偏向型技术进步与就业总量的非线性关系

为了从长期视角全面考察 bias 与就业的关系类型,本书在基准模型(5.1)的基础上加入了自动化资本偏向型技术进步指数的二次项($bias^2$),回归结果如表 5.15 第(1)列所示,bias 以及 $bias^2$ 系数在 1% 统计水平上分别显著为负和正,且通过了 Utest 检验,这表明制造业企业自动化资本偏向型技术进步与就业之间存在"U"型关系。通过 Utest 检验,可得到此二次函数拐点处 bias 值为 0.97,通过对比 bias 均值水平(0.17),可知现阶段制造业企业自动化资本偏向型技术进步对就业的影响以"替代效应"为主。当自动化资本偏向型技术进步指数小于 0.97 时,bias 对就业具有负效应;而 bias 值大于 0.97 时,则对就业具有正向促进作用。对于上述结果可能的解释是,自动化资本偏向型技术进步基于自动化的机器设备、电子设备,会提高企业生产率,产生对劳动力的替代;而且企业投资自动化资本需要大量的资金,会带来显著的成本效应,可能导致短期内产出规模下降,从而降低劳动力需求。这一结果与王光栋(2014)、钟世川(2015)、程虹等(2018)、孔高文等(2020)、闫雪凌等(2020)的研究一致。然而,长期来看,自动化资本偏向型技术进步水平的提高会增强企业的生产和盈利能力,刺激企业扩大生产规模,从而加大对劳动力的需求(谢萌萌等,2019;王永钦等,2020)。

二、自动化资本偏向型技术进步对高低技能劳动力就业的非线性影响

表 5.15 第(2)(3)列报告了回归结果,bias 对低、高技能劳动力的影响系数分别显著为负和正,二次项 $bias^2$ 系数分别在 1% 统计水平上显著为正和负,且均通过了 Utest 检验,说明制造业企业自动化资本偏向型技术进步与低、高技能劳动力的就业关系分别呈现"U"型和倒"U"型。基于 Utest 检验,可得这种技术进步与低技能劳动力就业二次函数拐点处 bias 的值为 0.98,说明当制造业企业自动化资本偏向型技术进步指数小于 0.98 时,对低技能劳动力就业具有破坏效应;而 bias 值大于 0.98 时,则对其就业产生创造效应。这可能是因为,低技能

劳动力执行的任务较为简单、重复性高，更容易被自动化资本所替代，且与低技能劳动力相比，自动化资本可以大幅提高生产效率，因此制造业企业自动化资本偏向型技术进步初期主要对低技能劳动力造成冲击。然而，随着自动化资本偏向型技术进步水平的提高，企业获得盈利、扩大生产规模，会增加对低技能劳动力的需求。而且随着深度认知学习、图像识别、触觉感知等技术在自动化领域的应用，智能机器人的灵活度和精密度得到较大提升，自动化资本偏向型技术进步能够取代制造业生产企业的核心工序，一些制造业企业技能劳动力在某些生产活动上已无须花费多少体力或脑力，甚至沦为低技能的"看守员"或"监视员"了（许怡和叶欣，2020）。自动化资本偏向型技术进步所带来的"技能降级"以及"去技能化"，意味着制造业企业对技能型工人的需求降低，对低技能劳动力的需求增加。此外，对于技能需求较低的任务，人力比机器人更具成本优势，企业会偏向于雇佣更低成本的低技能劳动力来完成，这也会增加企业对低技能劳动力的需求。

根据 Utest 检验结果，可知这种技术进步与高技能劳动力就业二次函数拐点处 $bias$ 的值为 1.03，意味着制造业企业自动化资本偏向型技术进步指数小于 1.03 时，对高技能劳动力就业具有创造效应；而 $bias$ 值大于 1.03 时，则对其就业具有破坏作用。对此可能的解释是，随着人工智能等自动化技术的发展，自动化资本偏向型技术进步创造了复杂的、难以被机器替代的任务，必须匹配更高技能水平的劳动力，意味着自动化、智能化研发设计、设备制造和应用等领域的就业岗位增加。然而，当人工智能等自动化技术发展到更高阶段，自动化资本偏向型技术进步能够替代一些高技能劳动力完成复杂的、有创造性的任务。考虑到高技能劳动力自身的议价能力强，需要支付高额工资与福利，会增加企业的管理成本。为降低成本，企业会偏向于使用智能机器人或者用与智能机器人协作的中等或低技能劳动力替代一些高技能劳动力，导致对高技能劳动力的就业破坏。通过计算 $bias$ 在均值点时的边际效应发现，自动化资本偏向型技术进步对低技能、高技能劳动力就业的边际效应分别为 −1.46、0.68。说明对于本书研究的样本区间而言，制造业企业自动化资本偏向型技术进步对低技能劳动力的破坏效应高于高技能劳动力的创造效应，整体上对劳动力的影响呈"替代效应"，与基准回归的结果一致。

表 5.15 非线性关系检验结果

变量	(1) ln$l$	(2) ln$L$	(3) ln$Z$
$bias$	−1.404 9***	−1.762 7***	0.817 2***
	(−6.967 6)	(−8.445 7)	(3.616 1)
$bias^2$	0.726 9***	0.896 0***	−0.396 5***
	(6.533 9)	(7.894 0)	(−3.179 3)
ln$asset$	0.465 9***	0.461 8***	0.484 1***
	(14.889 4)	(12.998 0)	(12.079 6)
lnrd	0.174 7***	0.145 4***	0.268 1***
	(7.905 2)	(6.295 8)	(9.288 9)
lnex	0.057 5***	0.056 7***	0.049 8***
	(6.599 1)	(5.625 2)	(4.718 7)
lnage	0.216 2	0.307 8*	0.393 1*
	(1.466 3)	(1.745 6)	(1.809 5)
ln$w$	−0.326 1***		
	(−7.169 7)		
lnwl		−0.632 3***	
		(−12.164 6)	
lnwz			−0.110 8***
			(−6.783 0)
N	2 677	2 393	2 389
adj.R^2	0.965 0	0.964 3	0.945 4
企业固定效应	控制	控制	控制
年份固定效应	控制	控制	控制

第八节 结 论

本章基于任务模型和第四章理论研究,实证检验了制造业企业自动化资本偏向型技术进步对就业的影响和机制,得出以下结论:

其一,现阶段,制造业企业自动化资本偏向型技术进步对就业总量产生负向效应,其中包括对低技能劳动的破坏效应和高技能劳动的创造效应,且破坏效应大于创造效应。制造业企业自动化资本偏向型技术进步对就业的替代效应主要通过产出规模下降以及生产率提升两个途径实现。制造业企业获得的政府补助增加,会加大自动化资本偏向型技术进步对高低技能劳动力的就业挤出作用;企业市场集中度提高,会强化自动化资本偏向型技术进步对低技能劳动力的就业破坏效应。

其二,异质性分析结果表明,非国有制造业企业自动化资本偏向型技术进步对就业的替代效应显著,国有企业不显著;与东部制造业企业相比,中西部制造业企业自动化资本偏向型技术进步对就业总量的替代效应较大;低技术行业制造业企业自动化资本偏向型技术进步对就业总量的替代效应大于高技术和中高技术行业;这种技术进步会显著替代生产人员、财务人员以及行政管理人员的需求,且对生产人员的替代效应最大;对研发、技术人员就业有补偿效应,对销售人员的影响不显著。

其三,通过考察制造业企业自动化资本偏向型技术进步对上下游企业就业的影响,结果表明:上游(下游)制造业企业自动化资本偏向型技术进步通过提升下游(上游)企业的自动化资本偏向型技术进步水平,对下游(上游)企业总就业和低技能劳动力就业产生替代效应,且前向关联效应大于后向关联效应;上游制造业企业自动化资本偏向型技术进步水平对下游高技能劳动力就业的正向影响显著,然而下游这种技术进步对上游高技能劳动力就业的影响不显著,表明上游行业自动化技术进步的溢出效应要大于下游行业的溢出效应。

其四,进一步研究发现:第一,长期来看,制造业企业自动化资本偏向型技术进步与就业总量存在"U"型的非线性关系,较低水平的制造业企业自动化资本偏向型技术进步对就业有替代效应,当这种技术进步达到拐点后,对就业有创造效应。第二,长期来看,制造业企业自动化资本偏向型技术进步对高、低技能劳动力的就业影响同样是非线性的,分别呈现倒"U"型和"U"型特征。当制造业企业自动化资本偏向型技术进步指数值减小时,对低技能劳动力产生破坏效应,对高技能劳动力具有创造效应;然而当 $bias$ 达到临界值时,即较高水平的自动化资本偏向型技术进步会显著促进低技能劳动力就业,同时抑制高技能劳动力就业。

第六章 自动化资本偏向型技术进步对工资影响的实证研究

第四章通过理论模型推导和分析了制造业自动化资本偏向型技术进步对工资水平和工资差距的影响与机制,还需要对此进行实证检验。本章第一节、第二节不仅考察了这种技术进步对制造业企业工资水平和高低技能劳动力工资差距的影响和渠道,同时还基于行业关联效应,考察了这种技术进步对上下游企业工资水平和工资差距的影响。基于中国企业在要素投入和技术进步方面存在典型的所有制、地区与行业差异性,本章将从上述几方面进行异质性分析。为了保证基准回归结果的可靠性,本章第一节与第二节均做了稳健性和内生性检验。

第一节 自动化资本偏向型技术进步对制造业工资水平的影响

一、模型设定与变量说明

借鉴 Acemoglu 和 Restrepo(2018),为了研究自动化资本偏向型技术进步对工资水平的影响,本书建立如下回归模型:

$$\ln w_{it} = \alpha + \beta bias_{it} + \theta X + v_i + \mu_t + \varepsilon_{ith} \tag{6.1}$$

其中,$\ln w_{it}$ 为被解释变量,采用企业员工人均薪酬表征;$bias_{it}$ 为核心解释变量;[①]X 为一系列控制变量,控制变量的选取基于理论模型(4.10),并借鉴杨

[①] 同第三章第二节关于计量模型构建以及变量说明中 $bias_{it}$ 的测度与数据处理方法。

继东(2012)、周云波(2015)的做法。被解释变量和控制变量数据同样来源于国泰安和 choice 东方财富数据库中 2012—2019 年制造业上市企业面板数据,并对原始数据做如下处理:剔除关键性指标明显错误的数据(如总资产、研发投入、平均工资、企业固定资产净值为负的数据),同样剔除 ST、ST* 企业样本,对所有变量进行 1% 及 99% 分位的缩尾处理,并对企业总资产、研发支出、员工平均工资、企业固定资产净值、企业净利润进行指数平减。① 本书控制了个体、时间的固定效应,分别为 v_i、φ_t。具体变量说明见表 6.1,变量的描述性统计见表 6.2。

表 6.1　　　　　　　　　　　相关变量说明

变量类型	变量符号		变量含义
被解释变量	lnw_{it}		员工人均薪酬对数值
解释变量	$bias_{it}$		自动化资本偏向型技术进步指数
	控制变量 X	$lnasset_{it}$	总资产对数值
		$lnrd_{it}$	研发支出对数值
		$lnkl_{it}$	人均资本投入对数值(企业固定资产净值/员工总数)
		$lnpl_{it}$	人均利润(企业净利润/员工总数)

表 6.2　　　　　　　　　　　相关变量描述性统计

变量	观测值	均值	标准差	最小值	最大值
lnw	17 795	11.463 4	0.446 5	5.002 4	14.623 0
$bias$	3 960	0.169 8	0.193 5	0.054 7	1.557 4
$lnasset$	19 446	21.499 9	1.355 0	15.353 9	27.349 3
$lnrd$	17 428	13.973 6	1.759 0	1.027 6	22.473 6
$lnkl$	16 913	12.456 4	0.936 5	4.845 1	15.644 4
$lnpl$	17 810	11.199 2	1.226 6	3.084 2	15.671 9

二、基准回归结果

制造业企业自动化资本偏向型技术进步对员工工资水平影响的基准回归结

---

① 同第三章第二节关于计量模型构建以及变量说明中变量的指数平减方法。

果见表 6.3。bias 系数在 1%统计水平上显著为正,表明制造业企业自动化资本偏向型技术进步显著提高员工平均工资,验证了本书研究假说 H_2。对于其他控制变量,企业资产规模越大、企业研发投入越多、企业人均资本投入和人均利润越高,对制造业企业平均工资影响显著为正;资产规模代表企业的基础实力,企业资产规模越大,越有可能提高员工工资水平;企业研发投入代表企业的创新水平,创新是企业的核心竞争力,企业创新水平越高,效益越显著,也就越有能力提高员工工资水平;企业人均资本越高,表明企业越倾向于发展资本密集型企业,所需员工技术水平越高,因此工资水平越高;企业人均利润越高,表明企业经济效益越好,企业越有可能提高员工平均工资。

表 6.3　　　　　　　　　　　　基准回归结果

变量	(1) lnw
bias	0.090 9** (1.966 8)
lnasset	0.025 7 (1.069 7)
lnrd	0.039 0*** (2.917 6)
lnkl	0.094 8*** (4.197 4)
lnpl	0.034 6*** (5.508 3)
N	3 524
adj. R^2	0.831 1
企业固定效应	控制
年份固定效应	控制

三、异质性分析

(一)基于所有制的异质性分析

将制造业上市公司分为国有企业和非国有企业两种类型,分组考察制造业不同所有制企业自动化资本偏向型技术进步对工资水平的影响。[①] 分组回归结果如表 6.4 第(1)(2)列所示,国有制造业企业自动化资本偏向型技术进步对平均工资的影响在 1% 的统计水平上显著为正,而非国有制造业企业的影响不显著。这可能是因为国有企业作为社会"维稳器",承担着"保就业、稳就业,实现高质量就业"的社会责任,因此在促进自动化资本偏向型技术进步的同时,还注重员工工资水平的提升。这也意味着非国有企业在加大自动化资本投入、推动自动化资本偏向型技术进步的同时,要注重提高劳动力工资水平;国有企业技术进步的同时,发挥了较好的提高劳动力收入的社会效益。

(二)基于区域的异质性分析

将制造业上市公司所属地区分为东部和中西部,分组考察不同区域制造业企业自动化资本偏向型技术进步对工资水平的影响。分组回归结果见表 6.4 第(3)(4)列,东部制造业企业自动化资本偏向型技术进步对工资水平的影响显著,而中西部影响不显著。这可能是因为,中西部制造业企业的低技能劳动力更多,而东部与自动化资本互补的高技能劳动力更多[②],因此对东部的劳动力工资收入提升效应更显著。这意味着,政府在"提高人民收入水平、保就业民生"方面,要根据不同区域的技术进步现状,制定不同的就业政策,需要加大对中西部制造业就业人员的技能提升和转岗培训扶持力度,促进中西部劳动力工资水平得到显著提升。

(三)基于行业的异质性分析

本书按照 2011 年 OECD 制造业技术分类标准,将制造业上市公司所属行业分为高技术行业与低技术行业[③],分组考察不同技术类型的制造业行业自动化资本偏向型技术进步对工资水平的影响。表 6.4 第(5)(6)列报告了回归结果,表明制造业高技术行业自动化资本偏向型技术进步对工资水平的影响显著为正,低技术行业的影响不显著。这可能是因为,相比低技术行业,高技术行业

[①] 为了直接比较不同所有制企业的样本,在分组回归前,先对所有变量进行标准化处理。关于不同区域和行业的异质性分析,分组回归前同样需对所有变量进行标准化处理。

[②] 基于本书数据,东部、中西部制造业企业的高低技能劳动力数量均值的比值分别为 0.19、0.17。

[③] 请见第三章第二节异质性分析中的行业分类方法。

的高技能劳动力数量较多,而低技能劳动力数量较少①,制造业企业自动化资本偏向型技术进步会造成低技能劳动力的破坏效应,同时产生对高技能劳动力的创造效应,使得企业减小对低技能劳动力的需求、加大对高技能劳动力的需求,进而会减少低技能劳动力工资、提升高技能劳动力工资。因此,这种技术进步对高技术行业平均工资的补偿效应较为显著。

表 6.4　异质性分析

变量	(1) 国有 z_lnw	(2) 非国有 z_lnw	(3) 东部 z_lnw	(4) 中西部 z_lnw	(5) 高技术行业 z_lnw	(6) 低技术行业 z_lnw
z_bias	0.0653*** (2.7471)	0.0307 (1.2842)	0.0413* (1.9115)	0.0549 (1.0821)	0.0455** (2.0884)	0.0300 (0.6414)
z_lnasset	0.5262*** (3.5525)	−0.0579 (−0.7375)	0.0363 (0.4689)	0.0790 (0.6066)	0.0537 (0.6254)	−0.0417 (−0.3237)
z_lnrd	0.0802 (0.9702)	0.1556*** (3.0887)	0.2604*** (4.0986)	0.0303 (0.5798)	0.2650*** (3.6245)	0.0589 (1.2084)
z_lnkl	0.4641*** (3.0847)	0.1154*** (3.0647)	0.2084*** (3.6525)	0.1846*** (2.6411)	0.2062*** (3.7724)	0.2133** (2.3779)
z_lnpl	0.1247*** (4.4439)	0.0794*** (3.9560)	0.0968*** (4.2533)	0.0906*** (4.6908)	0.0804*** (3.6533)	0.1270*** (5.4604)
N	953	2571	2482	1042	2541	983
adj. R^2	0.8719	0.8032	0.8163	0.8625	0.8327	0.8134
企业固定效应	控制	控制	控制	控制	控制	控制
年份固定效应	控制	控制	控制	控制	控制	控制

四、机制检验

本章基于理论模型(4.15)和(4.16)以及基准回归模型(6.1),通过借鉴 Baron 和 Kenny(1986)、温忠麟等(2004)的方法,分别检验低技能劳动力就业破坏、高技能劳动力就业创造、生产率效应对劳动力工资水平的影响机制,构建如下中介效应检验模型:

$$\ln w_{it} = \alpha + \beta bias_{it} + \theta X + v_i + \mu_t + \varepsilon_{it} \tag{6.2}$$

---

① 基于本书的数据,高、低技术行业低技能劳动力数量的均值分别为 3152 人、4710 人,而其高技能劳动力数量的均值分别为 709 人、595 人。

$$Med_{it} = \alpha + \beta bias_{it} + \theta X + v_i + \mu_t + \varepsilon_{it} \tag{6.3}$$

$$\ln w_{it} = \alpha + \beta bias_{it} + \theta X + \gamma Med_{it} + v_i + \mu_t + \varepsilon_{it} \tag{6.4}$$

(一)低技能劳动力就业破坏与高技能劳动力就业创造效应

根据理论模型(4.15)和(4.16),本书首先检验低技能劳动力就业破坏、高技能劳动力就业创造对劳动力平均工资影响的两方面机制。分别将低技能、高技能劳动力就业规模对数值$\ln L_{it}$、$\ln Z_{it}$作为中介变量Med_{it};式(6.2)和式(6.4)中的控制变量同基准模型(6.1),式(6.3)中的控制变量同第五章第二节表5.4中的控制变量。表6.5报告了回归结果,$bias_{it}$以及$\ln L_{it}$、$\ln Z_{it}$的系数均显著,说明两者均通过了中介效应模型的检验。

根据表6.5第(2)(4)列,制造业企业自动化资本偏向型技术进步对低、高技能劳动力就业规模影响分别显著为负、正,系数分别为-0.23、0.14,表明制造业自动化资本偏向型技术进步对低技能劳动力产生就业破坏效应,对高技能劳动力产生就业创造效应,而且破坏效应大于就业创造效应,具体原因本书第五章第二节已详细阐释。根据第(3)(5)列,低、高技能劳动力就业规模对企业平均工资的影响在1%统计水平上均显著为正,这可能的原因是,在劳动力供给不变的情况下,企业对劳动力需求上升会提高均衡的工资水平(王永钦和董雯,2020)。由此可知制造业企业自动化资本偏向型技术进步通过产生对低技能劳动力的就业破坏效应降低劳动力平均工资,通过对高技能劳动力的就业创造效应提升企业劳动力工资水平,即制造业企业自动化资本偏向型技术进步对劳动力工资水平的影响渠道是低技能劳动力的就业破坏和高技能劳动力的就业创造。

表6.5 低技能劳动力就业破坏和高技能劳动力就业创造机制检验

变量	(1) $\ln w$	(2) $\ln L$	(3) $\ln w$	(4) $\ln Z$	(5) $\ln w$
$bias$	0.090 9**	-0.234 0***	0.002 4	0.143 2**	0.091 1*
	(1.966 8)	(-4.357 0)	(0.055 9)	(2.249 0)	(1.957 4)
$\ln asset$	0.025 7	0.493 1***	0.137 7***	0.470 3***	0.028 0
	(1.069 7)	(10.056 3)	(4.388 2)	(9.489 1)	(1.075 0)
$\ln rd$	0.039 0***	0.163 6***	0.055 6***	0.261 4***	0.039 7***
	(2.917 6)	(4.769 2)	(3.467 0)	(8.540 3)	(2.751 4)

续表

变量	(1) lnw	(2) lnL	(3) lnw	(4) lnZ	(5) lnw
ln*kl*	0.094 8*** (4.197 4)		0.028 2* (1.842 1)		0.094 1*** (4.642 3)
ln*pl*	0.034 6*** (5.508 3)		0.026 7*** (5.032 6)		0.034 4*** (6.124 7)
ln*ex*		0.060 7*** (4.290 9)		0.047 9*** (3.607 9)	
ln*age*		0.315 4 (1.179 3)		0.390 5 (1.291 5)	
ln*wl*		−0.665 2*** (−7.784 4)			
lnL			0.180 1*** (−4.737 4)		
ln*wz*				−0.113 5*** (−4.977 4)	
lnZ					0.003 8*** (−0.139 2)
N	3 524	2 393	3 524	2 389	3 524
adj.R^2	0.831 1	0.971 1	0.836 6	0.957 7	0.831 1
企业固定效应	控制	控制	控制	控制	控制
年份固定效应	控制	控制	控制	控制	控制

（二）生产率效应

下面检验生产率效应对劳动力平均工资的影响机制。将企业全要素生产率 TFP_{it}[①] 作为中介变量 Med_{it}，式(6.2)～式(6.4)中的控制变量同基准模型(6.1)，回归结果如表 6.6 所示，$bias_{it}$ 以及 TFP_{it} 的系数均显著，说明生产率效应通过了中介效应模型的检验。根据表 6.6 第(2)列，制造业企业自动化资本偏向型技术进步对企业全要素生产率的影响在 5% 统计水平上显著为正，表明制造业企业自动化资本偏向型技术进步会显著提升企业生产率水平，这是由于自动化资本偏向型技术进步一方面通过替代低级别、可重复性强的简单任务，提高了企业

---

① 测算方法见第三章第二节关于计量模型构建以及变量说明中 TFP 的测算方法。

劳动力的整体生产效率；另一方面，高技能劳动力与自动化资本有效匹配和协作，能够提升高技能劳动力的生产率。根据表6.6第(3)列可知，企业全要素生产率对员工平均工资的影响在1%统计水平上显著为正，这是因为，企业全要素生产率代表着企业的生产力水平，体现企业的综合实力，企业生产效率越高，企业的产出规模越大，盈利能力越强，为了保持和提升在市场中的竞争力，企业会更加重视增加员工的薪酬福利。由此可知，企业全要素生产率提升是自动化资本偏向型技术进步提高劳动力平均工资的影响机制。

表6.6　　　　　　　　　　生产率效应影响机制检验

变量	(1) lnw	(2) TFP	(3) lnw
$bias$	0.060 6***	0.005 5**	0.053 0***
	(0.019 4)	(0.002 77)	(0.018 9)
$\ln asset$	0.052 9**	0.008 93**	0.043 9*
	(0.022 8)	(0.003 48)	(0.023 4)
$\ln rd$	−0.018 7	−0.002 77	−0.016 9
	(0.012 6)	(0.002 12)	(0.012 6)
$\ln kl$	0.113***	0.011 7***	0.097 2***
	(0.030 7)	(0.002 67)	(0.029 2)
$\ln pl$	0.050 4***	0.012 2***	0.038 2***
	(0.007 70)	(0.001 47)	(0.007 76)
TFP			0.809***
			(0.192)
$Constant$	8.458***	1.204***	7.624***
	(0.620)	(0.079 4)	(0.699)
N	2 536	2 430	2 429
adj. R^2	0.860	0.835	0.866
企业固定效应	控制	控制	控制
年份固定效应	控制	控制	控制

综上可知，高技能劳动力的就业创造效应和生产率提升效应是自动化资本偏向型技术进步对企业劳动力工资水平产生正向效应的影响机制，低技能劳动力的就业破坏效应抑制了这种正向效应。

五、稳健性与内生性检验

(一)稳健性检验

1. 替换代理变量

借鉴王林辉等(2014),将高技能劳动力用企业本科及以上学历的员工来替代,低技能劳动力替换为本科学历以下的员工,重新测度制造业企业自动化资本偏向型指数,表示为 $bias1_{it}$。基于模型(6.1),表 6.7 第(1)列报告了回归结果,$bias1_{it}$ 的系数显著为正,意味着替换高低技能劳动力的代理变量,本书结论依然保持稳健。

2. 采用两步 GMM 方法

选择 $bias$ 滞后一期作为工具变量进行两步 GMM 回归,结果见表 6.7 第(2)列,通过了不可识别检验,$bias$ 系数在 1% 统计水平上显著为正,说明基准回归结果稳健。

3. 删除被解释变量最大、最小 2.5% 的数值

借鉴王家庭等(2019)、余泳泽等(2020)的做法,将被解释变量 lnw 最大、最小 2.5% 的数值剔除,结果如表 6.7 第(3)列所示,$bias$ 系数仍正向显著,说明结果比较稳健。

4. 安慰剂检验

除内生性问题外,对制造业企业自动化资本偏向型技术进步与工资水平因果关系的识别可能还存在另一方面的挑战。受国家就业政策导向以及人口老龄化趋势等因素影响,制造业企业可能存在劳动力成本攀升的趋势。在这种情形下,上述估计可能会混淆自动化资本偏向型技术进步带来的提升工资水平的效应与制造业企业劳动力工资水平先前就存在的不断上升的趋势。为消除这一顾虑,本书通过安慰剂检验来考察 2012 年以前的制造业企业劳动力工资水平是否与未来的自动化资本偏向型技术进步有关。采用 2012—2019 年制造业企业自动化资本偏向型技术进步指数对 2004—2011 年企业的工资水平(lnw_before)进行回归,理论上未来的制造业企业 $bias$ 不可能影响到过去的平均工资,如果得出显著的回归结果,则不能排除 $bias$ 与制造业企业员工工资水平的趋势相关性。表 6.7 第(4)列报告了估计结果,可以看出,核心解释变量 $bias$ 的估计系数

不显著,表明2012年之前的 lnw_before 与现阶段 bias 无关,不存在两者之间的趋势相关性,再次确保了基准回归结果的稳健性。

表 6.7   稳健性检验

变量	(1) 替换代理变量	(2) 两步 GMM	(3) 删除 lnw 最大、最小2.5%的数值	(4) 安慰剂检验
	lnw	lnw	lnw	lnw_before
bias1	0.295 2* (1.821 0)			
bias		0.476 8*** (5.102 3)	0.090 9** (1.966 8)	−0.005 8 (−0.062 0)
lnasset	−0.025 5 (−1.229 7)	0.186 2*** (12.532 3)	0.025 7 (1.069 7)	0.010 0 (0.230 1)
lnrd	0.058 8*** (4.188 7)	0.062 9*** (7.084 6)	0.039 0*** (2.917 6)	−0.012 6 (−0.800 2)
lnkl	0.073 5*** (3.631 9)	0.125 0*** (9.831 4)	0.094 8*** (4.197 4)	−0.044 5 (−1.156 2)
lnpl	0.034 3*** (6.094 8)	0.034 5*** (8.110 4)	0.034 6*** (5.508 3)	−0.022 1** (−2.242 9)
N	4 284	2 578	3 524	1 768
adj.R^2	0.765 5	0.263 7	0.831 1	0.795 2
企业固定效应	控制	控制	控制	控制
年份固定效应	控制	控制	控制	控制
F	11.146 1	151.807 9	10.451 7	11.423 0
不可识别检验		255.866 0***		

(二)内生性检验

1.遗漏变量问题

本节借鉴赵奎等(2021)的做法,在基准模型基础上,进一步控制了个体和行业的交乘项、个体和时间的交乘项以及时间和行业的交乘项,在一定程度上可以解决遗漏变量所导致的内生性问题。表 6.8 第(1)列报告了回归结果,表明控制了固定效应的交乘项后,bias 的系数仍在 1% 统计水平上显著为正,且与基准回归相比,bias 的系数变化不大,意味着遗漏变量导致的内生性问题较小。

2. 反向因果问题

制造业企业自动化资本偏向型技术进步与工资水平可能存在逆向因果,即劳动力成本攀升会促使企业投入更多自动化资本,从而使制造业企业技术进步偏向于自动化资本。针对可能存在的互为因果问题,本书参照现有文献,选择三个工具变量加以解决。

其一,借鉴孙楚仁等(2013)、赵瑞丽等(2016)、刘贯春等(2017)的做法,以 $bias$ 滞后一期($L.bias$)作为工具变量进行两阶段最小二乘法回归,结果见表6.8第(2)(3)列。

其二,构造制造业两分位行业层面的自动化资本偏向型技术进步指数的算数平均数($meanbias$)作为工具变量(张杰等,2015),表6.8第(4)(5)列报告了2SLS回归结果。

其三,同第五章第四节内生性检验中Bartik工具变量的构建方法,仍将 $bias\_iv_{ijt}$ 作为工具变量进行两阶段最小二乘法估计,结果如表6.8第(6)(7)列所示。第(2)(4)(6)列展示了第一阶段估计结果,表明 $bias$ 滞后一期、两分位行业层面的自动化资本偏向型技术进步指数的算数平均数以及 $bias\_iv_{ijt}$ 与 $bias$ 显著相关,但与当期企业层面的 lnw 没有直接联系,且根据 F 统计量以及不可识别检验结果可知,这三个工具变量均符合要求。表6.8第(3)(5)(7)列所示的第二阶段回归结果表明,$bias$ 的系数均显著为正,通过对比基准回归与第(3)(5)(7)列结果可知,核心解释变量与控制变量系数在显著性和正负性上基本一致,而且考虑了内生性问题后,制造业企业自动化资本偏向型技术进步对工资水平的促进效应显著增加。

表6.8　　　　　　　　　　　内生性检验

变量	(1) 控制固定效应交乘项 lnw	(2) 第一阶段 bias	(3) 第二阶段 lnw	(4) 第一阶段 bias	(5) 第二阶段 lnw	(6) 第一阶段 bias	(7) 第二阶段 lnw
$bias$	0.090 7** (1.976 6)		1.345 4*** (7.359 2)		0.482 8*** (3.596 4)		0.494 9*** (3.091 3)
$L.bias$				0.383 9*** (2.756 0)			
$meanbias$		0.806 4*** (10.569 8)					

续表

变量	(1)控制固定效应交乘项 lnw	(2)第一阶段 bias	(3)第二阶段 lnw	(4)第一阶段 bias	(5)第二阶段 lnw	(6)第一阶段 bias	(7)第二阶段 lnw
bias_iv						0.014 1*** (3.373 2)	
lnasset	0.020 5 (0.835 0)	−0.057 2*** (−18.586 7)	0.205 1*** (15.672 7)	−0.050 4*** (−6.128 5)	0.186 2*** (12.467 7)	−0.047 6*** (−3.166 2)	0.102 5*** (5.373 1)
lnrd	0.039 5*** (2.902 1)	−0.002 0 (−1.346 4)	−0.009 5** (−2.279 1)	0.008 1*** (2.957 5)	0.063 0*** (7.064 1)	−0.030 0** (−2.195 5)	0.068 4*** (5.200 5)
lnkl	0.092 0*** (4.187 1)	−0.018 0*** (−4.400 6)	0.150 1*** (10.095 5)	−0.007 1 (−1.481 4)	0.125 2*** (9.585 4)	−0.029 5** (−2.499 8)	0.111 2*** (6.817 1)
lnpl	0.034 5*** (5.557 3)	0.025 0*** (10.866 4)	0.029 5*** (5.300 9)	0.017 5*** (5.553 3)	0.034 5*** (7.972 5)	0.007 0** (2.531 0)	0.039 7*** (6.117 2)
id_year	−0.000 0* (−1.869 2)						
code_year	−0.000 2 (−0.667 7)						
id_code	0.000 0 (.)						
_cons		1.259 2*** (20.553 2)		0.998 2*** (5.474 5)			
N	3 524	3 806	3 524	2 661	2 578	1 881	1 881
adj.R^2	0.787 6	0.215 6	−0.481 3	0.376 3	0.030 1	0.591 0	−0.054 0
F	17.677 1	108.097 0	114.344 3	103.762 3	148.975 4	10.224 4	49.579 8
不可识别检验			119.911***		124.17***		119.31***

六、行业关联效应检验

考虑到制造业上下游行业之间存在着一定的关联效应,本节同样考察了这种技术进步对上下游企业劳动力工资水平的影响。与第五章第六节做法相同,借鉴诸竹君等(2020)的做法,构建上游、下游制造业企业自动化资本偏向型技术进步指数,分别表示为 $forward\_bias_{it}$ 和 $backward\_bias_{it}$。表6.9报告了制造业上游(下游)企业自动化资本偏向型技术进步对下游(上游)劳动力工资水平的影响。$forward\_bias_{it}$ 和 $backward\_bias_{it}$ 的系数均显著为正,且第(3)列 $forward\_bias_{it}$ 的系数(0.17)大于 $backward\_bias_{it}$ 的系数(0.11)。结果表明,制造业上游(下游)企业自动化资本偏向型技术进步通过影响下游(上游)企业的 bias 值,进而对下游(上游)企业劳动力工资水平产生正向效应,且前向关联效应大于后向关联效应。制造业上游或下游企业的自动化资本偏向型技术进步都会通过技术溢出效应提升制造业其他行业的生产效率和自动化水平,从而提升劳动力的工资水平,验证了本书研究假说 H_3。

表 6.9　　自动化资本偏向型技术进步对工资水平的行业关联效应

变量	(1) bias	(2) bias	(3) lnw	(4) lnw
forward_bias	1.490 1*** (26.355 6)		0.167 2** (2.090 3)	
backward_bias		0.705 8*** (7.515 0)		0.111 3*** (2.765 5)
ln$asset$	−0.009 4* (−1.948 3)	−0.022 6** (−2.260 5)	0.025 8 (1.074 8)	0.025 7 (1.072 4)
lnrd	−0.001 5 (−0.757 4)	−0.016 3*** (−2.736 8)	0.039 4*** (2.923 8)	0.038 0*** (2.874 0)
lnkl	−0.002 4 (−0.638 8)	−0.031 9*** (−3.558 5)	0.095 5*** (4.211 4)	0.092 7*** (4.153 4)
lnpl	0.001 5 (1.354 2)	0.005 5** (2.321 3)	0.034 6*** (5.493 3)	0.035 0*** (5.483 2)
N	3 525	3 525	3 524	3 524
adj.R^2	0.944 8	0.807 8	0.831 2	0.831 1
企业固定效应	控制	控制	控制	控制
年份固定效应	控制	控制	控制	控制

第二节　自动化资本偏向型技术进步对制造业工资差距的影响

一、模型设定以及变量说明

基于 Acemoglu 和 Restrepo(2018),为了研究制造业企业自动化资本偏向型技术进步对高低技能劳动力工资差距的影响,本书建立如下回归模型:

$$\ln wz\_l_{it} = \alpha + \beta bias_{it} + \theta X + v_i + \mu_t + \varepsilon_{it} \qquad (6.5)$$

其中，t 表示年份，i 表示制造业上市企业；$\ln wz\_l_{it}$ 为被解释变量，即企业高技能劳动力与低技能劳动力的工资差距，用高低技能劳动力平均工资之比（wz_{it}/wl_{it}）对数值来表示，wz_{it}、wl_{it} 的测度方法同第五章第二节中高低技能劳动力工资的衡量方法；$bias_{it}$ 为核心解释变量，[①]即制造业企业自动化资本偏向型技术进步指数；X 为一系列控制变量，控制变量的选取借鉴杨继东（2012）、杨蕙馨和李春梅（2013）、卢晶亮（2017）、王若兰和刘灿雷（2019）的做法，包括如下因素：高技能劳动力与低技能劳动力数量之比对数值（$\ln n_{it}$），用来控制高低技能劳动力就业结构对工资差距的影响；人均资本投入对数值（$\ln kl_{it}$），采用企业固定资产净值与员工总数的比值来测算，用来控制企业资本密集度对工资差距的影响；企业对外贸易强度对数值（$\ln ex_{it}$），企业对外贸易强度采用港澳台及境外业务收入与主营业务收入比值来衡量，用来控制企业境外需求对工资差距的影响；企业全要素生产率（TFP_{it}）[②]，用来控制企业技术水平对工资差距的影响；二位码制造业行业赫芬达尔指数（HHI_{it}），用来控制企业市场集中度对工资差距的影响。被解释变量和控制变量相关数据同样来源于国泰安和 choice 东方财富数据库中 2012—2019 年制造业上市企业面板数据，并对原始数据做如下处理：剔除关键性指标明显错误的数据（如研发、技术人员平均工资、其他人员平均工资、研发支出、固定资产净值、员工人数、港澳台及境外业务收入、主营业务收入为负的数据），同样剔除 ST、ST* 企业样本，对所有变量进行 1% 及 99% 分位的缩尾处理，并对研发技术人员平均工资、其他人员平均工资、研发支出、固定资产净值、港澳台及境外业务收入、主营业务收入进行指数平减[③]。v_i、μ_t 分别表示个体、时间的固定效应[④]，ε_{it} 为随机误差；具体变量说明见表 6.10，主要变量的描述性统计见表 6.11，$\ln wz\_l$ 的均值为 1.22，说明高技能劳动力工资水平要高于低技能劳动力工资水平，$\ln wz\_l$ 的最小值与最大值差异较大，意味着企业层面的样本更能准确反映这种技术进步对工资差距的异质性影响。

---

① 同第三章第二节关于计量模型构建以及变量说明中 $bias_{it}$ 的测度与数据处理方法。
② 测算方法见第三章第二节关于计量模型构建以及变量说明中 TFP 的测算方法。
③ 同第三章第二节关于计量模型构建以及变量说明中变量的指数平减方法。
④ 本书对回归模型进行了 F 检验和 Hausman 检验，检验结果拒绝了混合模型回归和随机效应估计，再进行年度虚拟变量的联合显著性检验，F 检验的 P 值等于 0，拒绝"无时间效应"的原假设。

表 6.10　　　　　　　　　　　　　　变量说明

变量类型	变量符号	变量含义
被解释变量	$\ln wz\_l_{it}$	企业高技能劳动力与低技能劳动力的工资差距对数值
解释变量	$bias_{it}$	自动化资本偏向型技术进步指数
	$\ln n_{it}$	高技能劳动力与低技能劳动力数量之比对数值
	$\ln kl_{it}$	人均资本投入对数值(企业固定资产净值/员工总数)
	$\ln ex_{it}$	对外贸易强度对数值(对外贸易强度=港澳台及境外业务收入/主营业务收入)
	TFP_{it}	全要素生产率(OP法)
	HHI_{it}	二位码制造业行业赫芬达尔指数

表 6.11　　　　　　　　　　　　变量描述性统计

变量	观测值	均值	标准差	最小值	最大值
$\ln wz\_l$	11 369	1.217 9	0.621 8	0.000 9	6.109 2
$bias$	3 960	0.169 8	0.193 5	0.054 7	1.557 4
$\ln n$	13 228	0.219 0	0.186 8	0.002 2	2.454 6
$\ln kl$	15 521	4.938 3	1.403 9	0.019 9	9.686 0
$\ln ex$	13 544	18.902 9	2.238 6	6.076 8	25.497 0
TFP	16 890	6.450 3	0.341 2	5.679 4	7.470 9
HHI	20 722	0.049 7	0.041 3	0.013 9	0.228 4

二、基准回归结果

制造业企业自动化资本偏向型技术进步对高低技能劳动力工资差距的基准回归结果见表 6.12。表 6.12 第(1)列控制了企业和年份的固定效应,结果如第(2)列所示,$bias$ 系数在 1% 统计水平上均显著为正,表明制造业企业自动化资本偏向型技术进步会显著增加高低技能劳动力工资差距。这与杨蕙馨和李春梅(2013)、Acemoglu 和 Restrepo (2018)等研究结果一致,且验证了理论模型与本书假说 H_4。因此,随着自动化资本投入增加,制造业企业偏向于自动化资本趋势日益显著,要重视其对高低技能劳动力收入差距的扩大。这意味着政府应该在低技能劳动力的技能培训以及高技能劳动力培育方面给予扶持。

表 6.12　　　　　　　　　　　基准回归结果

变量	(1) lnwz_l
$bias$	0.049 1* (1.943 5)
$\ln n$	−1.436 4*** (−8.585 5)
$\ln kl$	−0.035 7 (−0.865 0)
$\ln ex$	0.039 0** (2.358 3)
TFP	0.119 1 (1.498 9)
HHI	−1.753 8 (−1.257 3)
N	2 255
adj.R^2	0.655 8
企业固定效应	控制
年份固定效应	控制

对于其他控制变量,高技能劳动力与低技能劳动力数量之比越大会显著减小高低技能劳动力工资差距,这与理论模型一致,这是由于高技能劳动力相对增加或者低技能劳动力相对减少会使低技能劳动力相对稀缺,从而有利于提高低技能劳动力工资水平,进而减小高低技能劳动力工资差距。然而,人均资本投入越高、企业全要素生产率水平越高,会显著增加高低技能劳动力工资差距,这是由于资本投入增加,与资本相匹配的劳动力的需求会增加,高技能劳动力与资本匹配度更高,因此高技能劳动力工资水平会增加,使得高低技能劳动力工资差距扩大;企业全要素生产率水平代表企业的技术水平,企业全要素生产率水平越高,代表企业高技能劳动力相对需求更大,高技能劳动力工资水平会更高,因此高低技能劳动力工资差距会扩大。

三、异质性分析

(一)基于所有制的异质性分析

将制造业上市公司分为国有企业和非国有企业两种类型,分组考察制造业不同所有制企业自动化资本偏向型技术进步对高低技能劳动力工资差距的影响[①]。分组回归结果如表 6.13 第(1)(2)列所示,非国有制造业企业自动化资本偏向型技术进步对工资差距的影响显著为正,而国有制造业企业的影响不显著。这可能是因为,国有制造业企业需要承担更多的"稳就业、保民生"的社会责任,更加重视企业不同劳动力收入的平等;而非国有制造业企业更加关注经营绩效和盈利,因此在推进自动化资本偏向型技术进步的过程中,加大了对低技能劳动力的替代效应,同时也增加了对高技能劳动力的需求,注重其技能水平的提升,加强其与这种技术进步相匹配,促使高技能劳动力工资水平上升,进而导致高低技能劳动力工资差距拉大。

(二)基于区域的异质性分析

将制造业上市公司所属地区分为东部和中西部,分组考察不同区域制造业企业自动化资本偏向型技术进步对高低技能劳动力工资差距的影响。分组回归结果见表 6.13 第(3)(4)列,东部、中西部制造业企业自动化资本偏向型技术进步对工资差距的影响均显著,且东部的系数更大。这意味着,这种技术进步对东部、中西部制造业企业高低技能劳动力的工资差距均有扩大效应,且对东部制造业企业的影响更大。这可能的解释是,制造业企业自动化资本偏向型技术进步会破坏低技能劳动力就业,同时创造高技能劳动力就业,导致对低技能劳动力需求减少,同时加大对高技能劳动力的需求,这会减少低技能劳动力工资、提升高技能劳动力工资,导致高低技能劳动力工资差距扩大。基于本书数据,东部、中西部制造业企业的高低技能劳动力就业均值的比值分别为 0.19、0.17,与中西部制造业企业相比,东部制造业企业对低技能劳动力需求更少,对高技能劳动力需求更多,因此高低技能劳动力工资差距更大。

(三)基于行业的异质性分析

本书按照 2011 年 OECD 制造业技术分类标准,将制造业上市公司所属行业分为高技术、低技术行业[②],分组考察不同技术类型的制造业自动化资本偏向型技术进步对高低技能劳动力工资差距的影响。表 6.13 第(5)(6)列报告了回

[①] 为了直接比较不同所有制企业的样本,在分组回归前,先对所有变量进行标准化处理。关于不同区域和行业的异质性分析,分组回归前同样需对所有变量进行标准化处理。

[②] 此处行业分类方法同第三章第二节。

归结果,表明制造业高技术行业自动化资本偏向型技术进步对高低技能劳动力工资差距的影响显著为正,低技术行业的影响不显著。这可能是因为,相比低技术行业,高技术行业的高技能劳动力数量较多,而低技能劳动力数量较少[①],这种技术进步与高技能劳动力更为匹配,对低技能劳动力的需求下降,因此提升了高技能劳动力的议价能力,低技能劳动力供给过多也会促使其工资水平下降,因此拉大了高技术行业高低技能劳动力的工资差距。

表 6.13　　　　　　　　　　　　异质性分析

变量	(1) 国有 z_lnwz_l	(2) 非国有 z_lnwz_l	(3) 东部 z_lnwz_l	(4) 中西部 z_lnwz_l	(5) 高技术 z_lnwz_l	(6) 低技术 z_lnwz_l
z_bias	11.411 2 (1.560 9)	10.699 3* (1.689 5)	10.293 9* (1.884 7)	0.765 5*** (3.532 3)	10.475 8* (1.892 8)	−6.646 0 (−0.080 8)
$z\_\ln n$	−0.398 0*** (−6.930 5)	−0.436 1*** (−6.464 6)	−0.435 2*** (−8.193 5)	−0.803 0*** (−4.902 3)	−0.409 8*** (−7.759 0)	−0.577 4*** (−3.559 9)
$z\_\ln kl$	0.200 5* (1.734 9)	−0.173 7 (−1.605 6)	−0.089 6 (−0.911 3)	0.115 1 (0.636 8)	−0.088 9 (−0.859 7)	0.008 3 (0.045 2)
$z\_\ln ex$	0.051 8 (0.419 4)	0.162 7** (2.551 9)	0.151 0** (2.375 6)	0.049 5 (0.453 3)	0.122 5* (1.940 2)	0.244 9 (1.395 9)
z_TFP	0.158 9* (1.805 4)	0.021 6 (0.390 9)	0.067 5 (1.294 9)	0.147 8 (1.227 2)	0.092 1* (1.760 4)	−0.048 7 (−0.345 7)
z_HHI	0.152 8 (0.700 1)	−0.211 0* (−1.861 6)	−0.142 1 (−1.232 5)	−0.237 1 (−1.040 6)	−0.151 0 (−0.763 3)	−0.137 1 (−1.094 7)
N	559	1 696	2 074	181	1 769	486
adj.R^2	0.785 9	0.726 6	0.739 0	0.705 7	0.753 2	0.693 3
企业固定效应	控制	控制	控制	控制	控制	控制
年份固定效应	控制	控制	控制	控制	控制	控制

四、机制检验

(一)低技能劳动力就业破坏、高技能劳动力就业创造

本书基于理论模型(4.26)和(4.27)以及基准回归模型(6.5),通过借鉴 Baron 和 Kenny(1986)、温忠麟等(2004)的方法,分别检验低技能劳动力就业破

---

① 基于本书的数据,高、低技术行业低技能劳动力数量的均值分别为 3 152 人、4 710 人,而其高技能劳动力数量的均值分别为 709 人、595 人。

坏、高技能劳动力就业创造这两个影响机制,构建如下中介效应检验模型:

$$\ln wz\_l_{it} = \alpha + \beta bias_{it} + \theta X + v_i + \mu_t + \varepsilon_{it} \qquad (6.6)$$

$$Med_{it} = \alpha + \beta bias_{it} + \theta X + v_i + \mu_t + \varepsilon_{it} \qquad (6.7)$$

$$\ln wz\_l_{it} = \alpha + \beta bias_{it} + \theta X + \gamma Med_{it} + v_i + \mu_t + \varepsilon_{it} \qquad (6.8)$$

分别将低技能、高技能劳动力数量对数值 $\ln L_{it}$ 和 $\ln Z_{it}$ 作为中介变量 Med_{it}；式(6.6)和式(6.8)中的控制变量同基准模型(6.5)式,(6.7)式中的控制变量同第五章第二节表5.4中的控制变量。表6.14报告了回归结果,第(2)(4)列 $bias$ 的系数均显著,第(3)(5)列的 $\ln L_{it}$ 和 $\ln Z_{it}$ 的系数亦显著,说明 $\ln L_{it}$、$\ln Z_{it}$ 均通过了中介效应模型的检验。

根据表6.14第(2)(4)列,制造业企业自动化资本偏向型技术进步指数对低、高技能劳动力就业规模影响分别显著为负和正,具体原因在第五章第二节已做阐释;而且根据第(3)(5)列,$\ln L_{it}$、$\ln Z_{it}$ 系数在1%统计水平上分别显著为负、正,可能的解释是,在劳动力市场供给不变的情况下,低技能劳动力需求增加,会增加低技能劳动力均衡工资,从而降低高低技能劳动力工资差距;而高技能劳动力需求增加会增加高技能劳动力的均衡工资,从而加大两者的工资差距。由此可知,制造业企业自动化资本偏向型技术进步对低技能劳动力的就业破坏和高技能劳动力的就业创造均会拉大高低技能劳动力工资差距,这与理论模型(4.26)和(4.27)一致。因此,低技能劳动力就业破坏、高技能劳动力就业创造为制造业企业自动化资本偏向型技术进步扩大高低技能劳动力工资差距的影响机制。

表6.14　　低技能劳动力就业破坏机制和高技能劳动力就业创造机制检验

变量	(1) $\ln wz\_l$	(2) $\ln L$	(3) $\ln wz\_l$	(4) $\ln Z$	(5) $\ln wz\_l$
$bias$	0.049 1* (1.943 5)	−0.261 7*** (−5.709 5)	0.121 3 (1.282 1)	0.158 0*** (2.802 7)	−0.026 1 (−0.284 4)
$\ln n$	−1.436 4*** (−8.585 5)		−1.384 7*** (−7.262 3)		−0.624 4*** (−2.659 8)
$\ln kl$	−0.035 7 (−0.865 0)		−0.006 6 (−0.135 0)		−0.141 9*** (−3.028 5)
$\ln ex$	0.039 0** (2.358 3)	0.060 6*** (5.820 6)	0.034 6** (2.076 2)	0.048 0*** (4.550 5)	0.060 2*** (3.754 4)

续表

变量	(1) lnwz_l	(2) lnL	(3) lnwz_l	(4) lnZ	(5) lnwz_l
TFP	0.119 1 (1.498 9)		0.136 6* (1.670 9)		0.140 0* (1.765 7)
HHI	−1.753 8 (−1.257 3)		−2.628 6 (−1.561 1)		−2.262 3 (−1.344 8)
lnasset		0.492 4*** (13.655 6)		0.470 7*** (11.846 2)	
lnrd		0.162 8*** (6.874 4)		0.261 8*** (9.134 8)	
lnage		0.315 7* (1.724 4)		0.390 3* (1.798 8)	
lnwl		−0.664 2*** (−12.396 6)			
lnL			−0.069 2*** (0.786 2)		
lnwz				−0.113 4*** (−6.900 8)	
lnZ					0.278 5*** (−4.034 2)
N	2 255	2 393	2 255	2 389	2 255
adj.R^2	0.656 0	0.971 1	0.656 1	0.957 7	0.665 3
企业固定效应	控制	控制	控制	控制	控制
年份固定效应	控制	控制	控制	控制	控制

(二)自动化资本偏向型技术进步与技能结构不匹配

由理论模型(4.26)和(4.27)可知,制造业企业自动化资本偏向型技术进步对高低技能劳动力工资差距的作用受到阈值 T 的影响,阈值 T 为制造业企业自动化资本偏向型技术进步与劳动力技能匹配情况的测度指标。根据理论模型(4.26)和(4.27),当 T 很小时,即 T 接近于 S,低技能工人只剩下很少的任务可以完成,市场剩余的低技能劳动力增加,则结果表现为高技能劳动力与低技能劳动力比重变小。相反,当 S 很大时,低技能劳动力可以完成绝大多数的任务,由于低技能劳动力具有成本优势,低技能劳动力较为稀缺,而高技能劳动力剩余增加,结果表现为高技能劳动力与低技能劳动力比重变大,因此本书用企业高低技能劳动力比重作为制造业企业自动化资本偏向型技术进步与劳动力技能匹配的代理变量。因此,制造业企业自动化资本偏向型技术进步对高低技能劳动力工资差距的作用受到高低技能劳动力比重即技能结构的影响,且基于理论模型(4.26)和(4.27),制造业企业自动化资本偏向型技术进步与工资差距存在非线性关系。因此,采用一般的线性模型进行拟合可能会使结果出现偏误,所以本书借鉴Hansen(1999)的研究,建立如下面板门槛模型:

$$\ln wz\_l_{it} = \alpha + \beta_1 bias_{it}(\ln n_{it} < \gamma_1) + \beta_2 bias_{it}(\ln n_{it} > \gamma_1) + \theta X + v_i + \mu_t + \varepsilon_{it} \tag{6.9}$$

其中,$bias_{it}$仍是本书关注的核心解释变量,$\ln n_{it}$为门槛变量,γ_1为$\ln n_{it}$导致制造业企业自动化资本偏向型技术进步与高低技能劳动力工资差距之间关系发生变化的门槛值。X为一系列控制变量,同基准模型(6.5)一致。在面板门槛模型估计之前,首先需检验制造业企业自动化资本偏向型技术进步与高低技能劳动力工资差距之间存在几个门槛区间。表6.15显示了单一门槛、双重门槛和三重门槛假设的检验结果,由P值结果可判定,模型不存在三重门槛及以上门槛。双重门槛模型可对模型(6.5)进行较好拟合,且在1%置信水平上拒绝了不存在门槛效应的原假设。因此,本书选取双重门槛模型;从具体的门槛数值看,高技能劳动力与低技能劳动力比重对数值的门槛值分别为0.089 9、0.325 0,n_{it}取值在不同区间,制造业企业自动化资本偏向型技术进步对高低技能劳动力工资差距存在异质性的影响。

表6.15　制造业企业自动化资本偏向型技术进步与高低技能劳动力工资差距
——门槛值个数检验

自变量	原假设	门槛值	P值
$bias$	单一门槛	0.089 9	0.000 0
	双重门槛	0.325 0	0.063 3
	三重门槛	0.121 8	0.336 7

制造业企业自动化资本偏向型技术进步对高低技能劳动力工资差距的面板门槛模型回归结果见表6.16。由表6.16可知,随着企业高技能劳动力与低技能劳动力之比变化,制造业企业自动化资本偏向型技术进步始终会加大高低技能劳动力工资差距,然而其影响系数会随着$\ln n_{it}$的变化而变化。当$\ln n_{it}$值较

低,即$\ln n_{it}<0.0899$时,制造业企业自动化资本偏向型技术进步对高低技能劳动力工资差距的影响系数为41.5267,且这种正向效应在1%的统计水平上显著;当$0.0899 \leqslant \ln n_{it}<0.3250$时,制造业企业自动化资本偏向型技术进步对高低技能劳动力工资差距的影响仍显著为正,系数缩小为11.1748;而当$\ln n_{it} \geqslant 0.3250$时,这种正向显著影响会进一步减小,影响系数减至2.9743。这一结果与理论模型(4.26)和(4.27)一致,当$\ln n_{it}$较小时,表明企业低技能劳动力相对较多,或者高技能劳动力相对较少。由于自动化资本偏向型技术进步会替代低技能劳动力,因此会使得低技能劳动力供给过多,从而使得制造业企业自动化资本偏向型技术进步与劳动力技能结构不匹配加剧,导致高低技能劳动力工资差距大幅增加。然而,随着$\ln n_{it}$增加,即低技能劳动力相对减少,或者高技能劳动力相对增加,企业自动化资本偏向型技术进步与劳动力技能结构不匹配得到缓解,$bias$对高低技能劳动力工资差距的扩大效应减小。

表6.16 制造业企业自动化资本偏向型技术进步与高低技能劳动力工资差距门槛回归

变量	$\ln wz\_l$
区间1($\ln n_{it}<0.0899$)	41.5267***
	(6.3312)
区间2($0.0899 \leqslant \ln n_{it}<0.3250$)	11.1748***
	(2.9495)
区间3($\ln n_{it} \geqslant 0.3250$)	2.9743***
	(1.1880)
$\ln kl$	0.0070
	(0.1916)
$\ln ex$	0.1184***
	(3.0249)
TFP	0.1678
	(1.3851)
HHI	−4.9635***
	(−3.1661)
Constant	−22.3038***
	(−4.5900)
N	539
adj. R^2	0.2120
企业固定效应	控制
年份固定效应	控制
观测数	510

综上可知,低技能劳动破坏效应、高技能劳动力创造效应以及自动化资本偏向型技术进步与劳动力技能结构不匹配,是制造业企业自动化资本偏向型技术进步拉大高低技能劳动力工资差距的影响机制。

五、稳健性与内生性检验

(一)稳健性检验

为了增强本书研究结果的稳健性,本书做了如下检验:

其一,采用两步 GMM 方法。选择 $bias$ 滞后一期作为工具变量进行两步 GMM 回归,结果见表 6.17 第(1)列,通过了不可识别检验,$bias$ 系数显著为正,说明基准回归结果稳健。

其二,借鉴王家庭等(2019)、余泳泽等(2020)的做法,将被解释变量 $lnwz\_l$ 最大、最小 2.5% 的数值剔除,结果如表 6.17 第(2)列所示,$bias$ 系数在 1% 统计水平上正向显著,说明结果比较稳健。

其三,由于 2012—2013 年样本有较多的缺失值,通过删除这两年的样本进行回归,表 6.17 第(3)列报告了回归结果,核心解释变量的系数仍然显著为正,表明基准回归结果是可靠的。

其四,控制省份与年份的交乘项。本书借鉴赵涛等(2020)以及余永泽等(2020)的做法,考虑到省份特征这一宏观系统性变化对估计结果的影响,控制了省份以及省份与年份的交乘项,回归结果如第(4)列所示,$bias$ 系数仍然正向显著,说明结果依然是稳健的。

表 6.17　　　　　　　　　　稳健性检验

变量	(1) 两步 GMM $lnwz\_l$	(2) 删除 $lnwz\_l$ 最大、最小 2.5% 的数值 $lnwz\_l$	(3) 删除 2012—2013 年样本 $lnwz\_l$	(4) 控制省份与年份的交乘项 $lnwz\_l$
$bias$	0.094 8* (1.060 6)	1.137 9*** (3.046 2)	0.045 6* (1.802 4)	0.048 0* (1.881 7)
lnn	−1.445 7*** (−8.517 3)	−2.005 5*** (−10.301 3)	−1.567 7*** (−8.152 8)	−1.510 0*** (−8.656 2)
$lnkl$	−0.037 1 (−0.902 0)	−0.053 2** (−2.448 7)	−0.077 2 (−1.621 8)	−0.048 1 (−1.091 9)

续表

变量	(1) 两步 GMM	(2) 删除 lnwz_l 最大、最小2.5%的数值	(3) 删除2012—2013年样本	(4) 控制省份与年份的交乘项
	lnwz_l	lnwz_l	lnwz_l	lnwz_l
$\ln ex$	0.038 9**	0.062 8***	0.039 8**	0.037 4**
	(2.352 4)	(4.856 0)	(2.214 8)	(2.192 6)
TFP	0.138 5*	0.177 2***	0.072 9	0.102 0
	(1.701 2)	(2.942 7)	(0.912 2)	(1.268 2)
HHI	−2.564 4	−4.229 5***	−1.459 9	−1.814 4
	(−1.547 4)	(−3.414 0)	(−1.040 9)	(−1.230 6)
$province\_year$				0.000 7
				(0.774 7)
N	2 255	1 680	2 014	2 145
adj. R^2	0.737 6	0.012 1	0.750 9	0.659 4
企业固定效应	控制	控制	控制	控制
年份固定效应	控制	控制	控制	控制
F	15.711 6	35.825 4	13.849 8	13.768 3
不可识别检验	127.863***			

(二) 内生性检验

1. 遗漏变量问题

本节借鉴赵奎等(2021)的做法,在基准模型(6.5)的基础上,进一步控制了个体和行业的交乘项、个体和时间的交乘项以及时间和行业的交乘项,在一定程度上可以解决遗漏变量所导致的内生性问题。表6.18第(1)列报告了回归结果,表明控制了固定效应的交乘项后,$bias$ 的系数仍在1%统计水平上显著为正,且与基准回归相比,$bias$ 的系数变化不大,意味着遗漏变量导致的内生性问题较小。

2. 反向因果问题

制造业企业自动化资本偏向型技术进步与工资差距可能存在逆向因果。针对可能存在的互为因果问题,本书参照现有文献,选择几个工具变量加以解决。

其一,构造制造业两分位行业层面的自动化资本偏向型技术进步指数的算数平均数($meanbias$)作为工具变量(张杰等,2015),表6.18第(2)(3)列报告了

2SLS 回归结果。

其二,同第五章第四节内生性检验中 Bartik 工具变量的构建方法,仍将 $bias\_iv_{ijt}$ 作为工具变量进行两阶段最小二乘法估计,结果如表 6.18 第(4)(5)列所示。第(2)(4)列展示了第一阶段估计结果,表明两分位行业层面的自动化资本偏向型技术进步指数的算数平均数以及 $bias\_iv_{ijt}$ 与 $bias$ 显著相关,但与当期企业层面的 $lnwz\_l$ 没有直接联系,且根据 F 统计量以及不可识别检验结果可知,这两个工具变量均符合要求。表 6.18 第(3)(5)列所示的第二阶段回归结果表明,$bias$ 的系数均显著为正,通过对比基准回归与第(3)(5)列结果可知,核心解释变量系数在显著性和正负性上基本一致,说明了基准回归的可靠性。

表 6.18　　　　　　　　　　内生性检验

变量	(1) 控制固定效应交乘项 lnwz_l	(2) 第一阶段 bias	(3) 第二阶段 lnwz_l	(4) 第一阶段 lnwz_l	(5) 第二阶段 lnwz_l
bias	0.049 7** (1.986 1)		0.001 7** (2.192 8)		0.306 3* (1.825 7)
meanbias		1.127 0*** (5.113 1)			
bias_iv				0.023 3*** (14.561 8)	
lnn	−1.421 3*** (−8.516 5)	−22.690 4 (−1.307 7)	−1.177 3*** (−15.375 8)	0.737 6 (1.296 3)	−1.694 8*** (−6.547 7)
lnkl	−0.036 9 (−0.909 1)	−0.564 1 (−0.237 1)	0.003 6 (0.346 7)	−0.035 0 (−0.583 3)	−0.009 2 (−0.313 1)
lnex	0.038 2** (2.265 8)	−2.268 7 (−1.476 7)	0.043 7*** (6.488 4)	−0.029 8* (−1.942 4)	0.055 8*** (3.007 4)
TFP	0.111 9 (1.424 4)	−6.007 1 (−0.658 2)	0.071 1* (1.776 2)	0.046 7 (0.780 3)	0.161 1** (2.025 9)
HHI	−2.197 1 (−1.570 3)	−13.590 7 (−0.184 7)	0.017 6 (0.056 0)	−0.706 6** (−1.973 1)	−4.421 1*** (−3.345 3)
id_year	−0.000 0 (−1.291 6)				
code_year	−0.000 5 (−0.428 8)				

续表

变量	(1) 控制固定效应交乘项 lnwz_l	(2) 第一阶段 bias	(3) 第二阶段 lnwz_l	(4) 第一阶段 lnwz_l	(5) 第二阶段 lnwz_l
id_code	0.000 0 (.)				
_cons		94.406 5 (1.382 8)	0.101 1 (0.326 0)		
N	2 255	2 765	2 443	1 318	1 107
adj. R^2	0.656 4	0.008 8	0.098 5	0.423 3	0.348 6
F	11.755 8	23.438	58.524 2	48.895 0	16.109 7
不可识别检验			23.436***		45.503***

六、行业关联效应检验

考虑到制造业上下游行业之间存在着一定的关联效应,本节同样考察了这种技术进步对上下游企业高低技能劳动力工资差距的影响。与第三章第二节行业关联效应检验做法相同,借鉴诸竹君等(2020)的做法,构建上游、下游制造业企业自动化资本偏向型技术进步指数,分别表示为 $forward\_bias_{it}$、$backward\_bias_{it}$,表 6.19 报告了制造业上游(下游)企业自动化资本偏向型技术进步对下游(上游)企业劳动力工资差距的影响。$forward\_bias_{it}$ 和 $backward\_bias_{it}$ 的系数均显著为正,且第(2)列 $forward\_bias_{it}$ 的系数(0.11)大于第(4)列 $backward\_bias_{it}$ 的系数(0.07),结果表明制造业上游(下游)企业自动化资本偏向型技术进步通过影响下游(上游)企业的 bias 值,进而对下游(上游)企业高低技能劳动力工资差距产生正向效应,且前向关联效应大于后向关联效应。制造业上游(下游)企业的自动化资本偏向型技术进步都会通过技术溢出效应提升制造业下游(上游)行业的生产效率和自动化水平,从而对制造业下游(上游)行业的低技能劳动力产生显著的替代效应,使得低技能劳动力供给过多,由于这种技术进步更加偏好于高技能劳动力,因此会增加制造业下游(上游)行业高技能劳动需求,导致制造业下游(上游)行业高低技能劳动力工资差距拉大。

表 6.19 行业关联效应检验

变量	(1) bias	(2) lnwz_l	(3) bias	(4) lnwz_l
forward_bias	1.863 6*** (437.501 2)			
ln$n$	0.007 1 (0.166 9)	−1.429 7*** (−8.510 8)	−0.046 9 (−0.285 7)	−1.430 8*** (−8.545 8)
lnkl	0.012 9 (1.292 9)	−0.036 2 (−0.876 9)	0.003 0 (0.134 0)	−0.036 5 (−0.884 4)
lnex	0.001 9 (0.930 7)	0.038 9** (2.347 3)	−0.009 3** (−2.025 4)	0.038 4** (2.322 3)
TFP	−0.023 4 (−1.351 5)	0.118 4 (1.491 3)	−0.024 8 (−0.614 5)	0.119 0 (1.498 0)
HHI	−0.042 1 (−0.456 9)	−1.771 7 (−1.269 3)	0.071 1 (0.137 3)	−1.751 2 (−1.252 7)
forward_bias		0.109 1* (1.762 5)		
backward_bias			1.894 3*** (70.687 5)	0.066 0* (1.942 5)
N	2 542	2 255	2 542	2 255
adj.R^2	0.998 9	0.737 3	0.994 7	0.737 5
企业固定效应	控制	控制	控制	控制
年份固定效应	控制	控制	控制	控制

第三节 结 论

本章基于 Acemoglu 和 Restrepo(2018)的任务模型以及第四章理论研究,实证检验了制造业自动化资本偏向型技术进步对工资水平和高低技能劳动力工资差距的影响和机制,得出以下结论:

1. 关于制造业企业自动化资本偏向型技术进步对工资水平的影响

(1)制造业企业自动化资本偏向型技术进步对工资水平产生正向效应,主要通过高技能劳动力的创造效应、生产率效应这两个途径来实现,然而低技能劳动力的破坏效应抑制了这一正向效应。

(2)行业关联效应结果表明,制造业上游(下游)企业自动化资本偏向型技术进步通过影响下游(上游)企业的这种技术进步的水平,进而提高下游(上游)企业劳动力工资水平,且前向关联效应大于后向关联效应。制造业上游(下游)企业的自动化资本偏向型技术进步都会通过技术溢出效应提升制造业其他行业的生产效率和自动化水平,增加整个行业的平均工资。

2. 关于制造业企业自动化资本偏向型技术进步对高低技能劳动力工资差距的影响

(1)制造业企业自动化资本偏向型技术进步会拉大高低技能劳动力工资差距,中间影响机制是低技能劳动的破坏效应和高技能劳动力的创造效应。

(2)本章用企业高低技能劳动力比重作为制造业企业自动化资本偏向型技术进步与劳动力技能匹配的代理变量,基于面板门槛模型,检验了劳动力技能与自动化资本偏向型技术进步的不匹配这一影响机制。当高低技能劳动力比重较小时,表明企业低技能劳动力相对较多,或者高技能劳动力相对较少,由于自动化资本偏向型技术进步会替代低技能劳动力,因此会使得低技能劳动力供给过多,从而使得制造业企业自动化资本偏向型技术进步与劳动力技能结构不匹配加剧,导致高低技能劳动力工资差距大幅增加。然而,随着高低技能劳动力比重增加,即低技能劳动力相对减少,或者高技能劳动力相对增加,高技能劳动力议价能力下降,企业自动化资本偏向型技术进步与劳动力技能结构不匹配缓解,$bias$ 对高低技能劳动力工资差距的扩大效应减小。

(3)行业关联效应结果表明,上游(下游)制造业企业自动化资本偏向型技术进步水平提升会通过技术溢出效应拉大下游(上游)行业高低技能劳动力工资差距,且前向关联效应大于后向关联效应。

第七章 案例研究
——工业机器人应用对制造业就业和工资的影响

工业机器人是面向工业领域的多关节机械手或多自由度的机器人。它是自动执行工作的机器装置,是依靠电脑程序预先编程或人工智能技术设定而实现各种制造功能的机器设备(ISO,2014)。因此,工业机器人所体现的技术进步是自动化资本偏向型技术进步,也是自动化技术的拓展和延伸。本书以工业机器人作为自动化资本偏向型技术进步的典型案例,基于美国机器人联合会(IFR)1993—2019年的数据,梳理国内外工业机器人的发展概况,剖析工业机器人应用引发了制造业生产要素和组织方式等的变革,并研究工业机器人应用对制造业就业总量和工资水平的影响。

第一节 国内外工业机器人发展概况

一、工业机器人的起源和发展历程

工业机器人起源于20世纪中期,美国阿贡国家能源实验室为了处理放射性物质,首先研制出机械操作手臂。1959年,沃尔与美国发明家约瑟夫·英格伯格联手制造出第一台工业机器人样机Unimate,世界上第一家工业机器人生产制造厂Unimation公司由此成立。此后至20世纪70年代末,工业机器人逐步走向商品化和产业化,尤其在汽车制造领域应用广泛。这是由于,第二次世界大战后,全球各主要经济体的劳动力严重短缺,工业机器人可以提高厂商的生产率,对于一些可重复性高、复杂度较低的工作任务(如搬运、喷漆、弧焊),工业机器人不仅可以替代劳动力进行操作,且相比工人其完成质量更高,也更具有效率优势。1978—1979 年,美国 Unimation 公司相继推出关节式结构的通用工业机器人(PUMA 系列)以及适用于装配作业中的平面关节型 SCARA 机器人,标志着第一代工业机器人形成了完整且成熟的技术体系。

随着柔性生产技术的发展,第二代工业机器人逐渐兴起。第二代工业机器人具备感知识别功能,最早由美国麻省理工学院研发。20 世纪 80 年代初,美国通用公司将具有视觉感知功能的工业机器人投入生产线,标志着第二代工业机器人诞生。与第一代工业机器人相比,第二代工业机器人生产效率更高,具有更强的环境适应性和感知力,能够执行更复杂、更高级的工作任务,完成任务的质量更高。

直至 20 世纪 90 年代,信息技术、人工智能技术的发展推动了工业机器人的技术革新,产生了具备逻辑推理功能的第三代工业机器人(智能机器人)。第三代智能机器人可以模仿人类进行逻辑推理和决策,在生产效率、保证产品质量、环境适应性和感知能力等方面远远优于前两代工业机器人。第三代智能机器人不仅能够替代简单重复的体力劳动岗位(如搬运、传输、焊接和激光加工等),还能执行中等复杂且重复的脑力任务(如自动翻译、无人驾驶、智能化工厂管理、语音和图像识别等)。而且,智能机器人能够完成人类无法胜任以及不愿执行的任务,例如超出人类感官和认知极限的(如精密仪器检测)、工作环境人类无法适应的(如深空探索)、作业环境属于高危的、脑力或体力劳动强度大以至于人类不愿从事的工作。第三代工业机器人凭借已有的优势,在制造业各行业广泛应用,缓解了很多国家"招工难"和"用工贵"并存的局面,也提高了制造业产业的竞争力。

二、国内外工业机器人的发展现状

近年来,全球工业机器人的应用规模日益扩大。图 7.1 展示了 1993—2019 年全球工业机器人年保有量和新增量数据,1993 年全球工业机器人年保有量仅 791.35 万台,截至 2019 年则为 4 035.19 万台,全球工业机器人的保有量整体呈现逐步增加的态势,尤其是 2010 年后各国政府对人工智能技术的重视,工业机器人应用量增速明显加快,每年新增的工业机器人数量平均可达 384.82 万台,2009 年工业机器人保有量出现显著下滑,可能是受到了金融危机的影响。

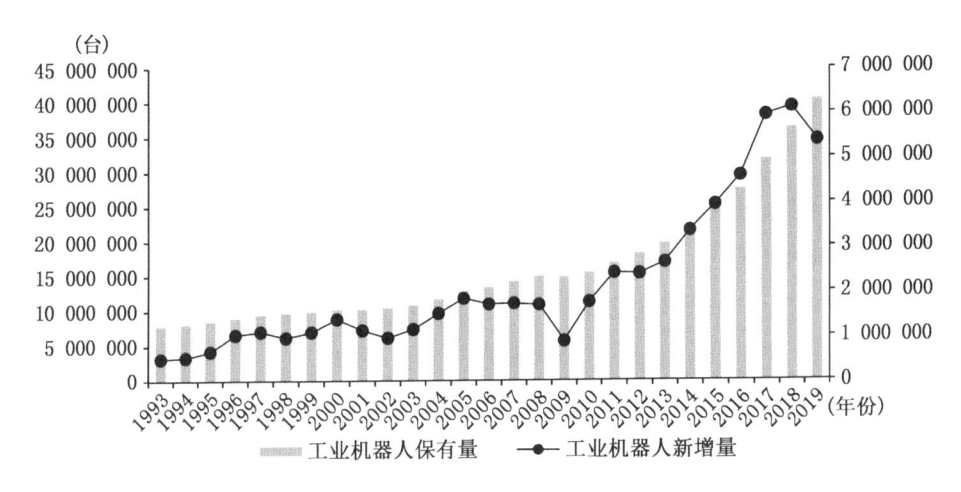

图 7.1　1993—2019 年全球工业机器人保有量与新增量

中国、美国、德国和日本是工业机器人应用的主要国家。本节基于横向和纵向对比,阐述和剖析工业机器人的全球布局结构以及主要国家的发展现状。图 7.2 和图 7.3 分别显示了中、美、德、日工业机器人的保有量和新增量,图 7.4 和图 7.5 则展示了 1993—2019 年中、美、德、日工业机器人保有量、新增量占全球机器人保有量、新增量的比重。中国从 1999 年开始有工业机器人应用数据(1 100 台),但直到 2006 年工业机器人保有量体量仍偏小(4.21 万台),仅占全球比重约 0.3%;2007—2019 年保持快速增长,年均增长量为 21.96 万台,高于美、德、日三国,尤其是 2013—2019 年增速明显加快,工业机器人年均增长量高达 36.73 万台,是美、德、日各国新增数量的 2~3 倍。2019 年中国工业机器人保有量规模已达 283.45 万台,占全球比重已增至 7.02%,从 2016 年开始工业机器人保有量一直位居全球第一。这是因为,20 世纪 80 年代中期,随着发达国家工业机器人的普及与应用,中国也开始重视工业机器人的投资与研发,进入样机开发阶段,直至 20 世纪 90 年代,中国建立了 9 个机器人产业化基地和科研基地,促进国产机器人产业化。然而,这一时期由于中国享有劳动力成本低且供应充足的"人口红利",因此价格偏高且企业需要耗资重金研发、设计、采购的工业机器人市场需求和供给量较小,无法形成较大的产业和市场规模。直到 21 世纪初,随着"人口红利"逐渐消失、劳工成本日益攀升、人口老龄化加剧,同时政府重视科技创新,大力支持制造业自动化和智能化,工业机器人产业快速发展,市场规模急剧增加,中国因其超大规模经济体优势,一跃成为最大的机器人应用市场。

由于发达国家老龄化问题严峻,劳动力成本高,制造业劳动力严重短缺,同时第四次工业革命过程中各国为了提升竞争力而抓住发展和转型机遇,在制造业领域纷纷提出重大发展战略(例如美国的"国家制作创新网络"、德国的"工业4.0",日本的"工业价值链"等),这些都推动了各国工业机器人的快速发展。1993—2019 年,美国、德国工业机器人保有数量同样呈现不断增长的态势。1993 年,美国、德国工业机器人保有量分别为 8.75 万台、17.87 万台,占据全球市场份额分别为 1.11%、2.01%。截至 2019 年,美、德工业机器人保有量增加至 151.41 万台、84.54 万台,分别占据全球 3.75%、2.01%的市场份额。1993—2019 年,美、德工业机器人新增量平均为 7.52 万台、5.41 万台。日本是全世界老龄化最严重的国家之一,而且实行严格的移民政策和外籍劳动力雇佣制度,日本制造业劳动力短缺更为严重。因此,虽然日本于 20 世纪 60 年代末从美国引进工业机器人相关技术,起步较美国晚,但在日本政府一系列有力的政策扶持下(如财政补贴、专业技术指导、低息贷款鼓励民间集资等),工业机器人研发设计、生产制造和应用规模远远大于美、德。至 20 世纪 80 年代中期,日本已拥有规模庞大且完整的工业机器人产业体系,率先成为"机器人王国"。1993 年日本的工业机器人保有量已达 144 万台,远远超过美国(8.75 万台)和德国(15.87 万台),占据全球市场份额高达 18.18%。1993—2015 年,日本工业机器人保有量一直位居榜首,是世界上应用和生产工业机器人最多的国家。2016 年,日本工业机器人总量虽被中国、美国超越,但其体量仍高于德国。此外,近几年美、德、日工业机器人增速放缓,可能是因为各国政府意识到工业机器人导致本国中低技能劳动力失业率上升,加剧了劳动力收入不平等。为了缓和这些社会矛盾,政府开始减少对工业机器人企业的政策优惠。

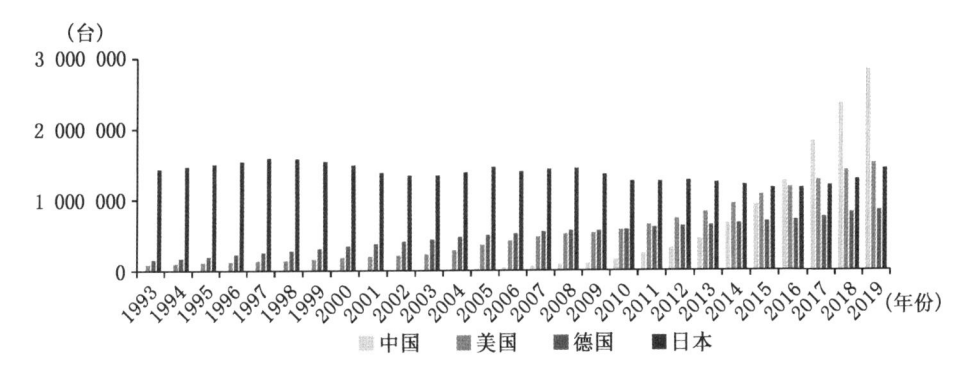

图 7.2　1993—2019 年中、美、德、日工业机器人保有量

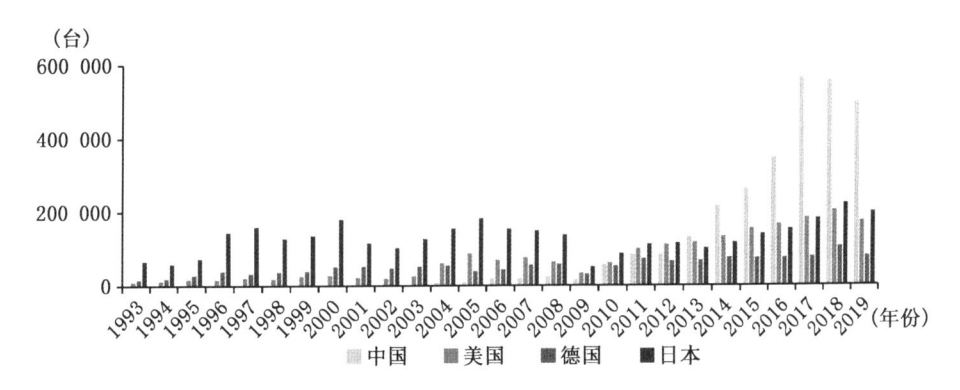

图 7.3　1993—2019 年中、美、德、日工业机器人新增量

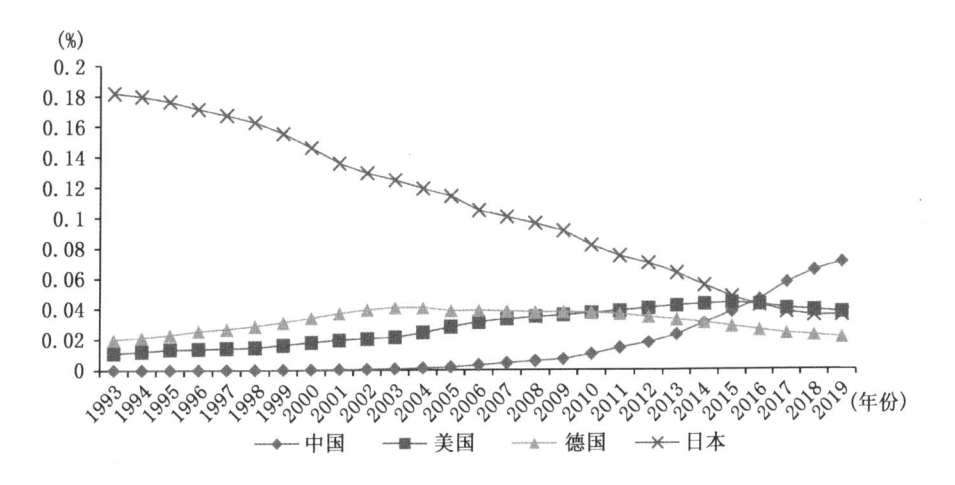

图 7.4　1993—2019 年中、美、德、日工业机器人保有量占全球机器人保有量比重

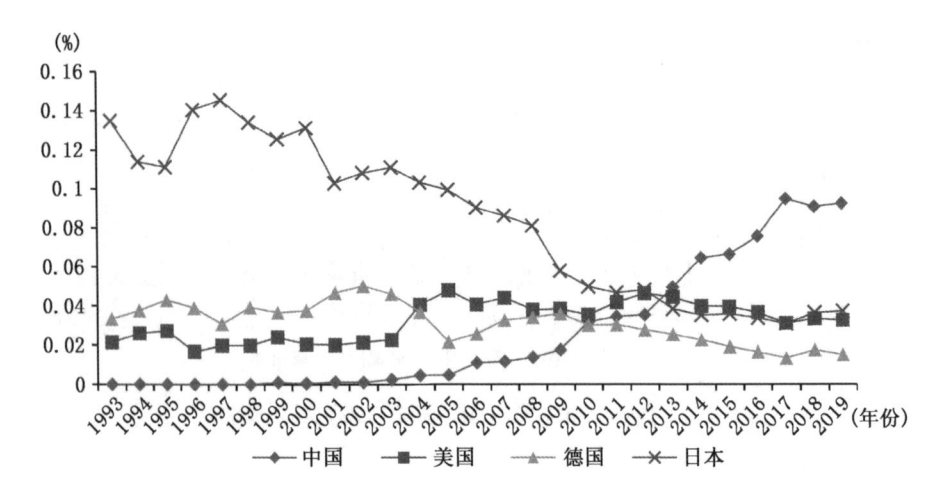

图 7.5　1993—2019 年中、美、德、日工业机器人新增量占全球机器人新增量比重

图 7.6 和图 7.7 分别展示了 1993—2019 年全球各制造业行业工业机器人总保有量和新增量。① 工业机器人保有量和新增量居于前五的行业分别是汽车制造业、橡胶和塑料制品业、金属制品业、电子和电气设备制造业、食品饮料加工制造业,这五大行业占据制造业工业机器人总量的 85.55%。其中,汽车制造业工业机器人应用规模最大,1993—2019 年汽车制造业工业机器人保有量高达 3 952.64 万台,超过了其他制造业行业工业机器人保有量的总和(2 828.43 万台),占据制造业工业机器人总量的 58.29%。且这一行业的工业机器人增量为 522.59 万台,在所有制造业行业中遥遥领先。全球各制造业行业工业机器人总保有量排名后四位的分别是纺织与服装制品业、造纸及印刷制品业、化学制品业、木制品及家具制造业,四个行业主要是低价劳动力密集型行业或者无法用机器替代的技术密集型行业,工业机器人总量规模甚小,总和为 184.31 万台,占制造业工业机器人总保有量的 2.72%。工业机器人之所以主要应用于汽车制造业,是因为这一产业市场需求量大、产品一致性强但精度要求不高、流水线生产和装配等环节便于拆解,非常适合采用工业机器人进行操作。而且汽车制造业劳动力成本高于其他行业,以美国为例,汽车制造业的工人工资是食品加工产业工人的 3 倍多(邓洲和黄娅娜,2019)。

---

① IFR 涉及 14 个制造业分行业。由于中国制造业行业与 IFR 的行业有较大差异,为了实证需要,本节借鉴闫雪凌等(2020)的做法,对这两者进行匹配,具体匹配过程见附录 A。

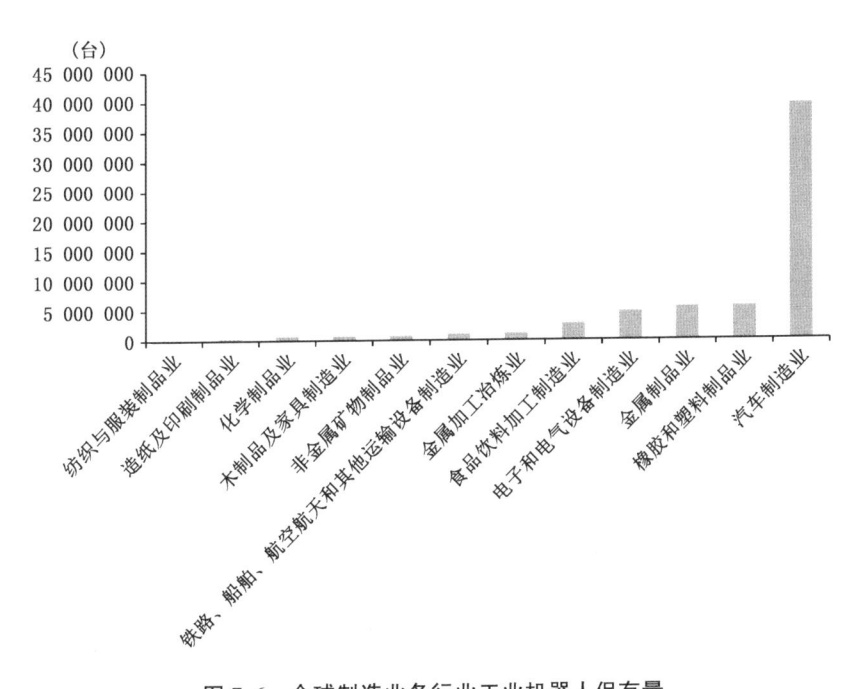

图 7.6　全球制造业各行业工业机器人保有量

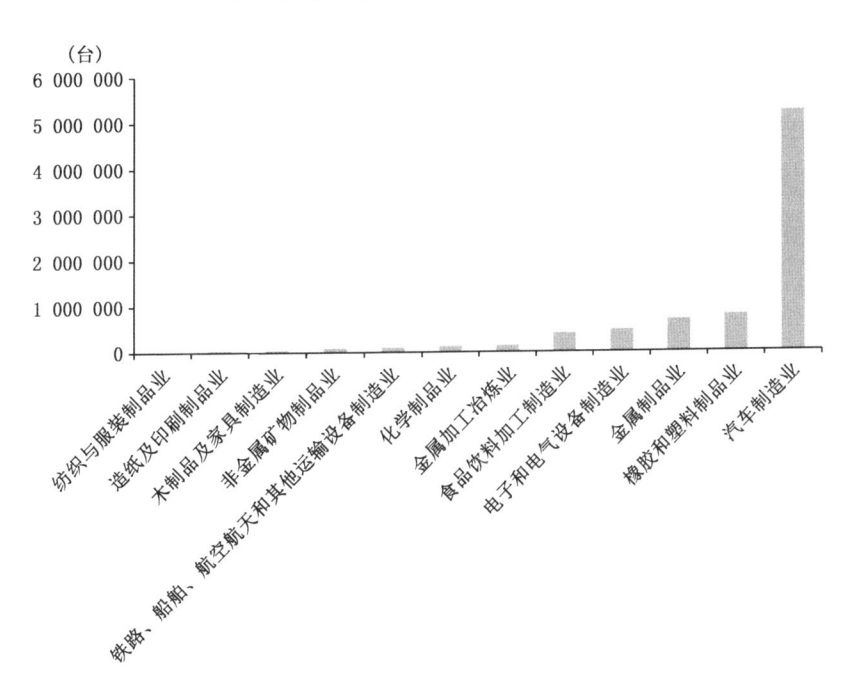

图 7.7　全球制造业各行业工业机器人新增量

第二节　工业机器人应用与制造业发展

一、工业机器人应用下制造业的关键生产要素

回顾历次工业革命发展历程，蒸汽时代的关键生产要素是煤炭，电气时代是煤气和汽油，计算机和信息时代是集成电路，这些关键要素成为历次工业革命的主要驱动力。然而，在工业机器人广泛应用的背景下，"数据"犹如新型石油（佩德罗，2017），成为制造业的关键生产要素。新一代工业机器人执行简单或复杂的体力、脑力工作都是基于数据处理，工业机器人所具备的感知与识别能力、逻辑推理和决策能力，以及在生产过程中进行的控制、检测、优化、调度、管理任务等都是建立在海量的数据处理的基础上。因此，对于制造业生产数据的积累、整理、调整、处理和优化，促使工业机器人功能不断完善、智能化水平不断提升。目前工业机器人主要应用国家相继推出了促进制造业与新一代互联网技术、数字技术融合发展的战略。例如前文提到的美国"国家制造创新网络"、德国的"工业4.0"、日本"工业价值链"以及中国的"中国制造：2025"，这些都表明，各国都已意识到数据资源对于智能制造具有关键作用。随着人工智能技术迅猛发展，全球工业机器人应用规模逐步扩大，数据成为制造业乃至经济体日益稀缺的关键要素。

二、工业机器人应用下制造业的生产组织方式

综观以往的生产组织方式，例如工厂制、技工承包制、泰勒制、福特制等，都是以劳动力为生产主体的分工模式。然而，随着人工智能技术的发展，在工业机器人应用情境下，基于信息处理的即时性和智能制造系统的独立性，会逐步弱化劳动分工的模式，促使制造业从传统的技术创新、产品设计开发、产品生产这些彼此独立的创新和生产流程转变为"研发和制造一体化运行"的制造业生态系统，制造成为创新的一部分，两者不可分割，制造环节的价值创造能力大大提高，与研发同等重要。传统的微笑曲线理论已无法解释这一趋势，价值最丰厚的区域不再只集中于研发和营销两端，生产环节同样重要。这会改变全球制造业格

局,过去发达国家在本土进行研发,将价值链最低端的制造环节外包于其他发展中国家的现状会逐步改变,同时也会抑制制造环节的就业带动效应,这也解释了如今为何发达国家制造业回流以及重视本国制造能力的提升。因此,工业机器人应用下的制造业生产组织方式是统一的制造业生态系统。而且,在智能工厂中,工人已慢慢从生产的主体转变成了智能机器人的"操作者""看守员"以及"协调者",同时要求工人在机器人执行生产任务的过程中,具备任务设计、问题识别、任务优化以及产品创新能力(乌尔里希,2014)。[1]

第三节 工业机器人应用对中国制造业就业的影响

一、模型设定与变量说明

本书参考 Acemoglu 和 Restrepo(2018)的研究,构建以下计量实证模型:

$$\ln hl_{iht}=\alpha+\beta\ln robot_{iht}+\theta X+v_i+\mu_t+\omega_h+\varepsilon_{ith} \quad (7.1)$$

$$\ln hw_{iht}=\alpha+\beta\ln robot_{iht}+\theta X+v_i+\mu_t+\omega_h+\varepsilon_{ith} \quad (7.2)$$

式(7.1)考察工业机器人应用对制造业就业岗位的影响,式(7.2)考察工业机器人应用对制造业行业工资水平的影响,其中,i 表示制造业上市企业,h 代表制造业二位码行业,t 表示时间;$\ln hl_{iht}$、$\ln hw_{iht}$ 为被解释变量,分别表示制造业行业就业数量和工资水平。基于闫雪凌等(2020)、王永钦和董雯(2020)、孔高文等(2020)的研究,本书采用制造业行业年末从业人数以及平均劳动报酬作为代理变量,数据来源于《中国劳动统计年鉴》。$\ln robot_{iht}$ 为本书的核心解释变量,表示工业机器人保有量,这一数据来源于 IFR[2]。由于《中国劳动统计年鉴》中行业与 IFR 的行业有较大差异,本书需要对这两套数据的行业进行匹配,同样借鉴闫雪凌等(2020)的做

---

[1] 乌尔里希·森德勒:《工业 4.0:即将来袭的第四次工业革命》,机械工业出版社 2014 年版。
[2] 由于麦肯锡 MGI 研究的机器人数据私有性较强,无法获得此数据;联合国贸发数据库(UNCTAD)只有省份机器人数据,无法获得行业数据;欧洲制造业调查(EMS)虽是企业层级的机器人数据,但只有欧洲七国(奥地利、法国、德国、西班牙、瑞典、瑞士和荷兰)的数据,没有中国机器人的数据。中国企业劳动力匹配调查(CEES)只包含 3 个年份(2015 年、2016 年和 2018 年)以及 5 个省份(吉林、江苏、湖北、广东和四川)1 939 家受访企业的机器人应用数据,没有涉及行业数据,且时间区间小,地域范围小。因此,本书采用了国内外学术界公认的且使用最频繁的国际机器人联合会(IFR)数据,它披露了全球各国不同制造业行业的工业机器人的保有量和新增量。

法,具体匹配过程见附录 A。为了与前文研究相联系,本部分数据又与制造业上市企业数据进行合并。v_i、μ_t、ω_h 分别为个体、时间和行业的固定效应,ε_{ith} 为误差项。由于不同行业在生产规模、盈利能力、技术水平等方面存在很高的异质性,这会在很大程度上影响行业劳动力需求总量和结构,而加入行业固定效应可以在一定程度上解决由于无法测度的行业特性造成的遗漏变量问题;在本书的样本期内,我国工业机器人的生产应用有较大的发展,而国内外经济环境也有巨大变化,加入时间固定效应可以同时控制机器人行业发展和劳动力需求的共同冲击。

X 为一系列控制变量。参考 Acemoglu 和 Restrepo(2018)、Cheng 等(2019)以及闫雪凌等(2020)的做法,本书选择如下控制变量:(1)行业规模($industry\_sale$),根据数据的可获性,采用各制造业行业规模以上企业的工业销售产值衡量,行业生产规模越大,则对于劳动力的相对需求就越大;(2)资本深化度($gdzc\_p$),用各制造业行业规模以上企业固定资产投入表示,较高的资本深化度通常意味着更高的劳动生产率,对就业岗位和工资水平都将产生影响;(3)盈利能力($total\_profit$),用各行业规模以上企业利润总额衡量,盈利能力越强,劳动回报越高,越能吸引劳动力流入;(4)对外贸易水平(ex_value),用各行业规模以上企业出口交货值衡量,这项指标代表了行业外部需求水平。此外,式(7.1)还控制了劳动力成本($\ln hw$),用制造业各行业平均劳动报酬衡量,反映劳动力成本变化对制造业行业就业的影响。控制变量的数据来源于《中国工业统计年鉴》以及《中国劳动统计年鉴》。为了量纲的统一,所有控制变量都作了对数化处理,并对涉及价格的指标以相应的价格指数进行了调整[①]。由于 2006 年后我国各制造业行业的工业机器人数据有明显的规模,因此本节样本的时间范围是 2006—2019 年。

二、描述性统计

图 7.8 展示了 2006—2019 年中国工业机器人保有量与新增量,这一时间段的工业机器人保有量呈现不断增加的态势,2006 年我国工业机器人保有量为 4.21 万台,直到 2019 年这一数量攀升至 283.45 万台,尤其是 2012 年之后工业机器人保有量增速加快。变量的描述性统计见表 7.1,$\ln robot$ 的标准差较大,且最大最小值的差值较大,说明各个行业工业机器人的应用有较大差异。图 7.9

[①] 与第三章第二节关于计量模型构建以及变量说明中变量的指数平减方法相同。

和图 7.10 分别显示了 2006—2019 年中国各制造业行业工业机器人保有量与新增量。排名前四的依次是汽车制造业、橡胶和塑料制品业、金属制品业、电子和电气设备制造业,这四大行业工业机器人保有量总和达 141.91 万台,占据制造业工业机器人总保有量的 88.09%。中国工业机器人应用规模最大的行业同样是汽车制造业,工业机器人总保有量高达 97.97 万台,占制造业工业机器人总规模的 60.81%。排名靠后的同样是造纸及印刷制品业、纺织与服装制品业、木制品及家具制造业,三者工业机器人总保有量共 1.04 万台,远远小于位居前茅的各行业的工业机器人保有量数据。由此可见,中国同样存在工业机器人应用行业集中、行业差异度大的特点,因此有必要对各行业的工业机器人应用数据进行描述(具体见附录 B),实证检验时也需进行行业方面的异质性分析。

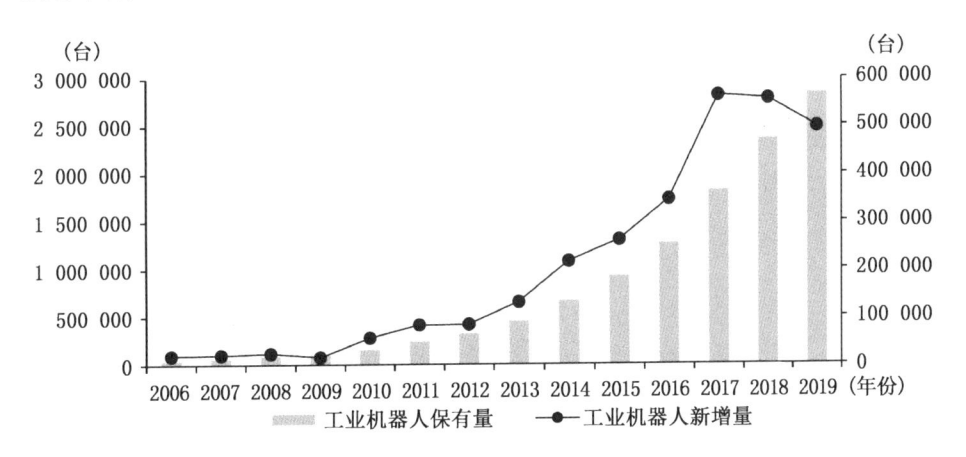

图 7.8 2006—2019 年中国工业机器人保有量与新增量

表 7.1 变量的描述性统计

变量	观测值	平均值	标准差	最小值	最大值
$\ln hl$	17 497	14.668 6	0.566 6	11.995 4	15.205 8
$\ln robot$	17 497	8.592 1	1.665 5	2.564 9	12.348 1
$\ln industry\_sale$	10 052	10.930 8	0.468 8	9.073 7	11.371 2
$\ln ex\_value$	10 052	8.339 8	0.945 8	3.583 0	9.219 5
$\ln total\_asset$	12 519	10.722 7	0.522 2	8.516 5	11.299 6
$\ln gdzc\_p$	12 519	9.371 0	0.620 7	6.866 2	10.263 7
$\ln total\_profit$	12 519	8.114 2	0.479 8	6.057 1	8.832 6
$\ln hw$	17 497	11.024 6	0.248 8	10.443 0	12.194 1

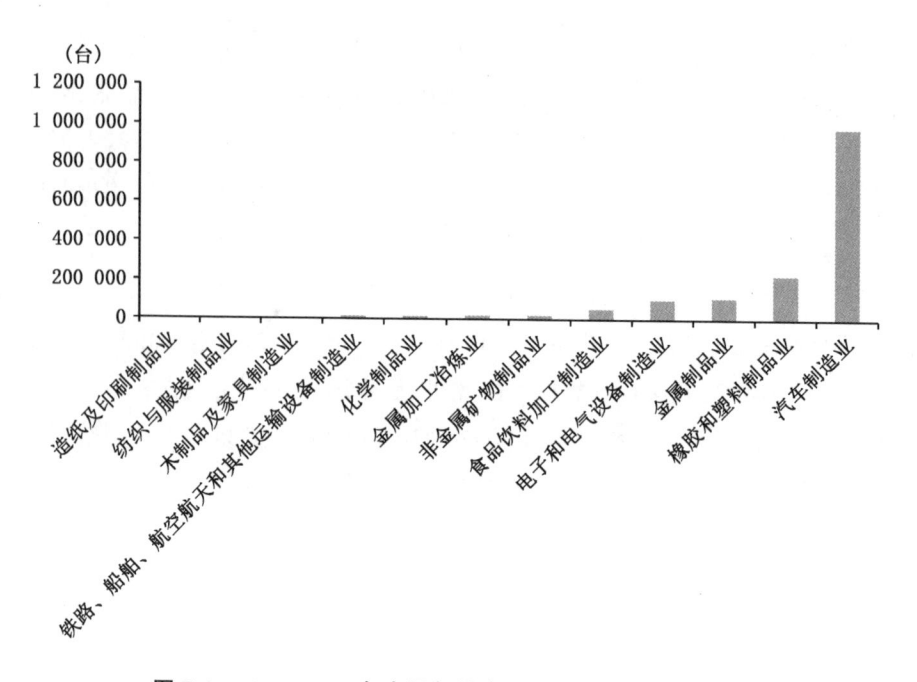

图 7.9　1999—2019 年中国各制造业行业工业机器人保有量

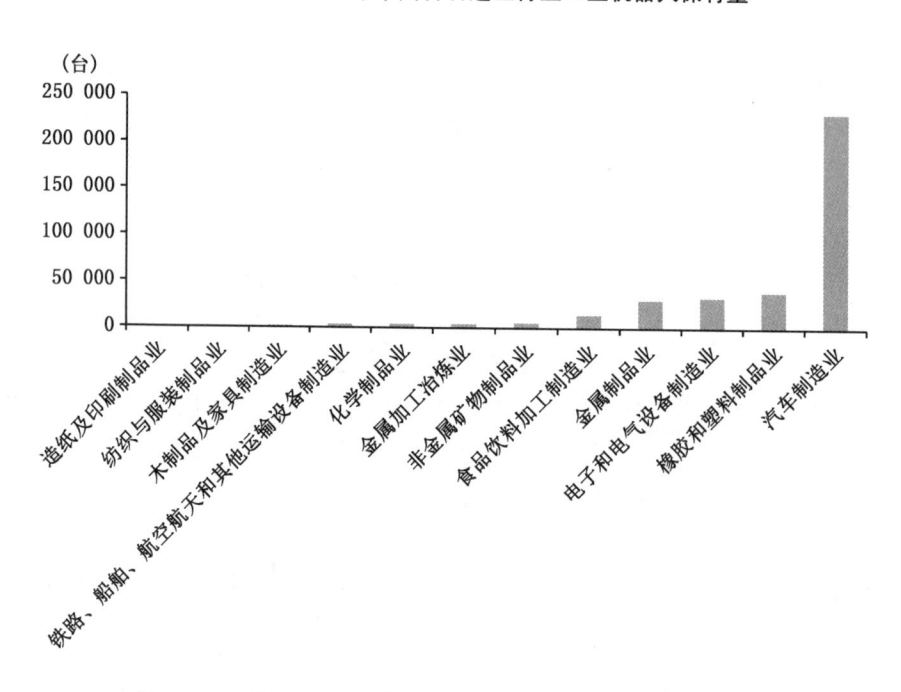

图 7.10　1999—2019 年中国各制造业行业工业机器人新增量

三、基准回归结果

表 7.2 报告了基准回归结果。第(1)列考察了工业机器人使用对制造业就业岗位数量的影响,结果显示,核心解释变量 ln$robot$ 系数显著为负,这表明我国工业机器人应用对制造业行业的就业规模总体呈现替代效应。Furman 和 Seamans(2019)的文章指出,自动化等新生产技术对于就业的影响,短期是岗位替代为主,本书的实证结果证实了这一观点。这也与 Acemoglu 和 Restrepo(2017)、Dauth 等(2017)、Graetz 和 Michaels(2018)等学者的研究结论相似。第(2)列考察我国工业机器人使用对制造业工资水平的影响,结果显示,工业机器人会对制造业行业工资水平有正向影响,与 Dauth 等(2017)、Graetz 和 Michaels(2018)对工资水平的研究结果一致。表 7.2 的结果与自动化资本偏向型技术进步对就业和工资影响的结果相同。

表 7.2　　　　　　　　　　　　　基准回归结果

变量	(1) lnhl	(2) lnhw
ln$robot\_i$	−0.022 7*** (−62.458 1)	0.001 1*** (12.298 1)
ln$industry\_sale$	0.539 8*** (26.817 3)	0.270 5*** (49.864 5)
lnex_value	−0.048 3*** (−4.212 5)	−0.009 9** (−2.542 4)
ln$total\_asset$	0.763 2*** (27.840 4)	0.047 7*** (7.211 4)
ln$gdzc\_p$	−0.745 3*** (−29.359 6)	−0.044 1*** (−12.870 0)
ln$total\_profit$	−0.001 3 (−0.906 2)	0.004 6*** (16.197 4)
lnhw	0.340 5*** (4.209 0)	
N	12 591	12 591
adj. R^2	0.996 0	0.998 9
行业固定效应	控制	控制
年份固定效应	控制	控制

根据图 7.9 和图 7.10 可知，由于工业机器人在不同行业的应用差异较大，为了考察工业机器人应用对不同类型制造业行业就业规模和工资水平的异质性影响，本节将制造业行业分为劳动密集型、资本密集型和技术密集型[①]，表 7.3 第(1)~(3)列报告了工业机器人应用对不同密集型制造业行业劳动力需求的影响，其中工业机器人对劳动密集型、资本密集型制造业行业劳动力需求的影响在 1% 统计水平上显著为负，且对资本密集型的替代效应更大，对技术密集型的影响则显著为正。这可能的原因是，相比劳动和资本密集型行业，技术密集型行业有较多的高技能劳动力以及较少的低技能劳动力，由于工业机器人的应用对高技能劳动力有显著的创造效应，同时对低技能劳动力有明显的破坏效应，因此最终表现为对技术密集型行业劳动力总需求有补偿效应。劳动密集型和资本密集型行业因其高技能劳动力相对较少，低技能劳动力相对较多，最终显示工业机器人应用对这两种类型的制造业行业就业为替代效应。此外，之所以工业机器人应用对劳动力密集型行业就业的替代效应小于资本密集型行业，这可能是因为，制造业劳动密集型行业对低成本的劳动力需求较大，引进机器人相比廉价劳动力，需要的成本更多，企业基于节约成本的动因，会谨慎引进和采购工业机器人。

表 7.3 异质性分析

变量	(1) 劳动密集型 z_lnhl	(2) 资本密集型 z_lnhl	(3) 技术密集型 z_lnhl	(4) 劳动密集型 z_lnhw	(5) 资本密集型 z_lnhw	(6) 技术密集型 z_lnhw
$z\_lnrobot$	−0.061 2*** (−21.398 2)	−0.387 8*** (−5.232 5)	0.109 3*** (3.970 3)	−0.013 9*** (−14.156 2)	0.020 1** (2.175 3)	0.028 0*** (3.703 1)
$z\_lnindustry\_sale$	0.300 0*** (7.711 2)	0.149 9*** (8.786 9)	2.409 5*** (122.491 0)	0.442 4*** (46.093 3)	0.401 7*** (39.192 5)	0.173 5*** (26.459 1)
z_lnex_value	−0.158 4*** (−5.821 2)	−0.083 6* (−1.909 4)	−3.603 8*** (−26.927 8)	−0.207 1*** (−16.822 7)	−0.071 6*** (−7.504 5)	−0.121 4*** (−13.080 7)
$z\_lntotal\_asset$	−0.550 4*** (−8.755 7)	0.042 9 (1.162 1)	−0.836 6*** (−12.689 9)	0.092 0*** (7.120 5)	0.288 9*** (16.362 3)	0.387 7*** (43.486 7)
z_lngdzc_p	1.237 6*** (15.682 4)	0.155 0*** (5.992 3)	−0.246 6*** (−26.931 6)	−0.579 0*** (−49.261 6)	−0.102 8*** (−6.541 8)	−0.171 2*** (−48.286 0)
$z\_lntotal\_profit$	0.263 8*** (25.245 2)	−0.066 1*** (−13.422 7)	−0.339 2*** (−46.793 4)	−0.126 6*** (−61.863 0)	−0.015 7*** (−5.320 2)	0.054 0*** (65.409 2)

① 划分标准同第三章第二节。

续表

变量	(1) 劳动密集型 z_lnhl	(2) 资本密集型 z_lnhl	(3) 技术密集型 z_lnhl	(4) 劳动密集型 z_lnhw	(5) 资本密集型 z_lnhw	(6) 技术密集型 z_lnhw
z_lnhw	0.062 4 (0.957 0)	0.958 8*** (27.628 3)	0.596 1*** (21.382 4)			
N	2 065	3 859	6 719	2 065	3 859	6 719
adj. R^2	0.999 1	0.999 0	0.994 9	0.999 8	0.999 3	0.999 9
行业固定效应	控制	控制	控制	控制	控制	控制
年份固定效应	控制	控制	控制	控制	控制	控制

表7.3第(4)~(6)列则展示了工业机器人应用对不同密集型制造业行业劳动力平均工资的影响。结果表明，工业机器人对制造业劳动密集型行业从业人员平均工资影响显著为负，对资本以及技术密集型行业的影响则正显著。这可能是因为，工业机器人应用加大了对低技能劳动力（如生产人员）的替代，也会使得原本有一定技能的低技能劳动力沦为不需要任何技能的机器人的"看守员"，导致这些劳动力的议价能力下降，工资水平降低，这解释了为什么工业机器人的采购增加会对劳动密集型行业平均工资有挤出效应。与此同时，工业机器人应用增加了与其互补的研发、技术等高技能劳动力的需求，高技能劳动力的议价能力提高，会显著增加高技能劳动力工资水平，且相比劳动密集型行业，技术、资本密集型行业高技能劳动力相对较多，因此最终体现为对这两个行业平均工资有补偿效应，且对技术密集型的补偿效应更大。

四、稳健性检验

为了检验基准回归结果的稳健性，本书做了如下稳健性检验：

（1）控制省份与年份的交乘项。经济发展水平较高的省份，工业机器人应用具有先发优势，这些省份的制造业劳动力的需求和工资水平也会受到省份固有特征的影响。本书借鉴赵涛等（2020）以及余永泽等（2020）的做法，考虑到这一宏观系统性变化对估计结果的影响，本书控制了省份以及省份与年份的交乘项，回归结果如表7.4和表7.5第（1）列所示。

（2）分别将lnhl以及lnhw最大、最小2.5%的数值剔除（王家庭等，2019；余泳泽等，2020）。表7.4和表7.5第（2）列报告了回归结果，lnrobot对lnhl的影响均在1%统计水平上显著为负,对 $\ln hw$ 的影响均在1%统计水平上显著为正,说明结果是稳健的。

(3)替换代理变量。借鉴闫雪凌等(2020)、王文等(2020)的做法,选择工业机器人新增量以及安装密度对数值作为工业机器人应用的替代变量,其中 IFR 数据库中报告了工业机器人新增量的数据,工业机器人安装密度采用工业机器人保有量除以制造业从业人数来衡量。表7.4和表7.5第(3)(4)列报告了回归结果,工业机器人应用对制造业行业就业的影响负向显著,对从业人员平均工资的影响正向显著,说明基准回归的结果比较稳健。

表7.4　　　　机器人应用与制造业行业就业的稳健性检验

变量	(1) 控制省份和年份的交乘项	(2) 删除被解释变量最高、最低2.5%的数值	(3) 替换解释变量为机器人安装密度	(4) 替换解释变量为机器人新增量
	$\ln hl$	$\ln hl$	$\ln hl$	$\ln hl$
$\ln robot$	−0.015 5*** (−3.499 4)	−0.015 5*** (−3.499 2)		
$\ln robot\_l$			−0.000 3*** (4.992 9)	
$\ln robot\_i$				−0.003 9*** (−15.068 8)
$\ln industry\_sale$	0.547 3*** (8.012 0)	0.547 3*** (8.012 2)	0.565 3*** (55.034 5)	0.539 9*** (56.051 3)
$\ln ex\_value$	−0.063 8* (−2.041 6)	−0.063 8* (−2.041 7)	−0.075 0*** (−19.015 3)	−0.055 2*** (−22.021 5)
$\ln total\_asset$	0.177 0** (2.225 3)	0.177 0** (2.225 5)	0.258 9*** (33.741 3)	0.259 2*** (38.535 0)
$\ln gdzc\_p$	0.107 1 (1.598 4)	0.107 1 (1.598 3)	0.066 6*** (7.333 8)	0.051 9*** (6.911 1)
$\ln total\_profit$	−0.037 0*** (−3.366 2)	−0.037 0*** (−3.366 2)	−0.033 4*** (−34.966 0)	−0.029 3*** (−25.553 5)
$\ln hw$	−0.102 5 (−0.380 6)	−0.102 5 (−0.380 6)	−0.290 1*** (−9.619 1)	−0.235 5*** (−7.762 7)
$province\_year$	−0.000 1 (−1.484 0)			
N	10 052	10 052	8 313	10 052

续表

变量	(1) 控制省份和年份的交乘项	(2) 删除被解释变量最高、最低2.5%的数值	(3) 替换解释变量为机器人安装密度	(4) 替换解释变量为机器人新增量
	$\ln hl$	$\ln hl$	$\ln hl$	$\ln hl$
adj.R^2	0.999 9	0.999 9	0.999 8	0.999 8
行业固定效应	控制	控制	控制	控制
年份固定效应	控制	控制	控制	控制

表 7.5　机器人应用与制造业行业从业人员工资水平的稳健性检验

变量	(1) 控制省份和年份的交乘项	(2) 删除被解释变量最高、最低2.5%的数值	(3) 替换解释变量为机器人安装密度	(4) 替换解释变量为机器人新增量
	$\ln hw$	$\ln hw$	$\ln hw$	$\ln hw$
$\ln robot$	0.003 8*** (15.784 7)	0.003 8*** (15.777 3)		
$\ln robot\_i$				0.001 0*** (10.376 6)
$\ln robot\_l$			0.000 2*** (6.381 3)	
$\ln industry\_sale$	0.167 3*** (43.325 9)	0.167 3*** (43.328 1)	0.177 0*** (33.541 6)	0.175 0*** (35.396 0)
$\ln ex\_value$	−0.022 2*** (−11.078 1)	−0.022 2*** (−11.078 6)	−0.019 7*** (−6.788 2)	−0.025 4*** (−8.473 2)
$\ln total\_asset$	0.166 1*** (38.225 1)	0.166 1*** (38.226 1)	0.151 9*** (34.111 6)	0.150 6*** (37.346 7)
$\ln gdzc\_p$	−0.097 9*** (−25.644 7)	−0.097 9*** (−25.645 4)	−0.095 6*** (−18.109 4)	−0.086 9*** (−18.845 9)
$\ln total\_profit$	0.029 9*** (61.066 7)	0.029 9*** (61.069 9)	0.029 0*** (48.521 2)	0.029 0*** (49.535 0)
$province\_year$	0.000 1 (0.200 3)			
N	10 052	10 052	8 313	10 052
adj.R^2	0.999 5	0.999 5	0.999 5	0.999 4
行业固定效应	控制	控制	控制	控制
年份固定效应	控制	控制	控制	控制

五、内生性检验

其一,遗漏变量问题。借鉴赵奎等(2021)的研究,在模型(7.1)和(7.2)的基础上,本书进一步控制时间和行业固定效应的交乘项,在一定程度上可以解决遗漏变量所导致的内生性问题。表7.6和表7.7第(1)列报告了回归结果,表明控制了固定效应的交乘项后,制造业的工业机器人应用对行业就业规模、工资水平的影响仍在1%统计水平上显著,对行业就业规模显著为负,对工资水平的影响显著为正,lnrobot回归系数影响不大,意味着遗漏变量导致的内生性问题较小。

其二,反向因果问题。工业机器人应用与制造业行业就业规模以及工业机器人应用与制造业行业从业人员平均工资之间均可能存在反向因果,即制造业就业规模缩减会促使制造业企业增加工业机器人应用,以缓解用工不足;同样,制造业从业人员工资水平上升,企业会基于节约成本的动机,从而加大机器人的应用。为了解决此内生性问题,本书选择了以下两个工具变量:

(1)借鉴孙楚仁等(2013)、赵瑞丽等(2016)、刘贯春等(2017)的做法,以工业机器人保有量滞后一期($L.lnrobot$)作为工具变量进行两阶段最小二乘法回归,结果见表7.6和表7.7第(2)(3)列,其中第一阶段结果表明$L.lnrobot$对$lnrobot$有显著的正向作用,且通过了不可识别检验,说明此工具变量是有效的。第二阶段结果显示,考虑内生性后工业机器人应用对制造业行业就业规模的影响仍显著为负,对制造业从业人员平均工资的影响依然显著为正,说明了基准回归结果的可靠性。

(2)本书借鉴Acemoglu和Restrepo(2019)的做法,采用美国工业机器人保有量$lnrobot\_usa$作为工具变量进行两阶段最小二乘法回归。美国工业机器人保有量与中国的工业机器人保有量相关,与中国制造业就业和劳动力工资水平没有直接联系,且表7.6和表7.7第(4)列的第一阶段回归结果表明,美国工业机器人保有量对中国的$lnrobot$有显著的促进作用,且均通过了不可识别检验,说明此工具变量是符合要求的。表7.6和表7.7第(5)列的第二阶段结果表明,$lnrobot$对$lnhl$的影响在1%统计水平上显著为负,对$lnhw$的影响在1%统计水平上显著为正,表明考虑了内生性问题后基准回归结果依然可靠,而且工业机器人应用对制造业行业劳动力需求和工资水平的影响系数均明显增加。

表 7.6　　　　　　　机器人应用与制造业行业就业的内生性检验

变量	(1) 控制固定效应交乘项 lnhl	(2) 第一阶段 ln$robot$	(3) 第二阶段 lnhl	(4) 第一阶段 ln$robot$	(5) 第二阶段 lnhl
ln$robot$	−0.026 5*** (−27.329 8)		−0.046 3*** (−3.290 8)		−0.337 7*** (−16.128 1)
L.ln$robot$		0.283 9* (1.932 5)			
ln$robot\_usa$				0.081 7*** (19.197 3)	
ln$industry\_sale$	0.539 4*** (115.127 5)	−2.299 6 (−1.492 5)	0.783 6** (2.506 3)	3.529 7*** (36.595 7)	1.056 3*** (16.351 3)
lnex_value	−0.052 8*** (−19.608 5)	1.164 2 (0.804 5)	−0.181 3 (−1.288 9)	0.598 1*** (16.708 1)	−0.090 8** (−2.347 4)
ln$total\_asset$	0.085 5*** (11.132 7)	−3.287 1 (−1.141 1)	0.265 1 (1.297 0)	−0.985 9*** (−6.353 6)	−0.941 3*** (−7.277 9)
ln$gdzc\_p$	0.120 6*** (26.166 9)	1.047 8 (0.530 3)	−0.349 6* (−1.830 5)	−2.100 8*** (−27.693 3)	0.150 4** (2.275 4)
ln$total\_profit$	−0.045 7*** (−45.084 9)	−0.266 5 (−1.028 2)	−0.018 9 (−1.221 3)	−0.057 1*** (−4.573 1)	−0.065 5*** (−14.200 3)
lnhw	0.158 6*** (7.553 9)	14.254 7** (2.224 8)	−0.009 0 (−0.009 5)	4.348 1*** (32.344 2)	1.673 1*** (9.346 7)
$code\_year$			0.001 4** (2.524 6)		
_cons				−52.599 7*** (−39.005 7)	
N	10 036	10 051	12 643	10 642	10 640
adj.R^2	0.965 9	0.979 0	0.995 7	0.501 3	−0.180 3
F	28 400	11.799 6	88.816 1	2 031.330 4	687.923 5
不可识别检验			618.680 7***		208.066 7***

表 7.7　　　　机器人应用与制造业行业从业人员工资水平的内生性检验

变量	(1) 控制固定效应交乘项 lnhw	(2) 第一阶段 ln$robot$	(3) 第二阶段 lnhw	(4) 第一阶段 ln$robot$	(5) 第二阶段 lnhw
L.ln$robot$		0.297 5* (2.014 4)			

续表

变量	(1) 控制固定效应交乘项 lnhw	(2) 第一阶段 ln$robot$	(3) 第二阶段 lnhw	(4) 第一阶段 ln$robot$	(5) 第二阶段 lnhw
ln$robot$	0.004 1*** (9.142 5)		0.003 7*** (5.949 0)		0.046 0*** (16.728 5)
ln$robot\_usa$				0.086 4*** (18.318 2)	
ln$industry\_sale$	0.267 1*** (52.667 7)	−0.220 2 (−0.124 8)	0.149 5*** (55.431 0)	1.841 3*** (22.481 4)	0.151 0*** (14.211 8)
lnex_value	0.001 9 (0.547 2)	0.845 6 (0.536 6)	−0.016 1*** (−9.084 2)	−0.119 8*** (−4.427 3)	−0.026 9*** (−4.326 8)
ln$total\_asset$	0.040 5*** (6.039 4)	−0.902 5 (−0.367 3)	0.168 7*** (44.724 1)	3.026 7*** (39.661 7)	0.279 1*** (15.927 4)
ln$gdzc\_p$	−0.043 2*** (−9.340 0)	−0.159 6 (−0.078 2)	−0.066 5*** (−24.698 1)	−3.751 9*** (−66.868 2)	−0.141 7*** (−15.514 7)
ln$total\_profit$	0.004 9*** (18.299 0)	0.187 1 (1.080 8)	0.033 5*** (63.192 6)	0.178 6*** (18.515 6)	0.010 9*** (17.666 1)
_cons				−10.142 1*** (−17.005 1)	
N		8 461	8 449	10 642	10 640
adj. R^2		0.972 9	0.997 2	0.445 0	0.980 5
F		15.935 7	34 005	2 450.907 4	54 404
不可识别检验			540.343***		316.804***

第四节 结 论

工业机器人所具备的技术是典型的自动化资本偏向型技术进步,也是自动化技术的拓展和延伸。本书梳理了工业机器人的起源和发展历程,分析了"三代工业机器人"的产生背景和特征,并根据1993—2019年国际机器人联合会(IFR)数据阐述了国内外工业机器人的发展现状。数据表明,全球工业机器人保有量日益扩大,中国、美国、德国和日本是工业机器人应用的主要国家,中国如今一跃成为最大的机器人应用市场,全球工业机器人应用领域主要集中在汽车、橡胶和塑料制品业、金属制品业、电子和电气设备制造业等行业,制造业各行业机器人应用规模差异较大。而且,本书通过采用2006—2019年IFR中国工业机器人应用数据以及《中国工业经济统计年鉴》和《中国劳动统计年鉴》数据,考察了工业机器人应用对制造业就业总量和工资水平的影响,结果表明现阶段我国工业机器人应用对制造业行业的就业规模总体呈现替代效应,对制造业行业工资水平有正向促进作用,这与前文制造业自动化资本偏向型技术进步对就业与工资水平的影响结果保持一致。

第八章 结论与对策建议

第一节 主要结论

一、关于中国制造业技术进步偏向的测度与影响因素

(1)本书采用2012—2019年中国制造业上市企业微观数据,使用超越对数生产函数测算了中国制造业技术进步偏向型指数,发现中国制造业技术进步偏向于自动化资本。

(2)通过借鉴Acemoglu(2002)理论模型,推导出制造业技术进步偏向的影响因素为价格效应和市场规模效应,即随着制造业企业自动化资本投入相对增加(市场效应),会引起自动化资本、非自动化资本互补的劳动力相对技能水平变化,进而促使自动化、非自动化资本密集型产品的相对价格变化(价格效应),在这两种效应的综合影响下,技术进步为自动化资本偏向,其中市场规模效应和价格效应谁起主导作用,取决于自动化资本与非自动资本的要素替代弹性,而且证明了无论两种资本的要素替代弹性大于1或小于1,只要自动化资本相对投入增加,就会促使技术进步偏向于自动化资本。

(3)本书采用固定效应模型实证检验自动化资本投入相对增加是否促使技术进步偏向于自动化资本,结果表明:①与非自动化资本投入相比,自动化资本投入越多,制造业企业越偏向于自动化资本。②异质性分析结果表明,非国有、东部、资本和技术密集型制造业企业的自动化资本投入相对增加在促进自动化

资本偏向型技术进步方面的效果更为显著;高技术行业制造业企业自动化资本投入相对增加对这种技术进步的正向影响最大,中高技术行业次之,低技术行业影响最小。③制造业上游(下游)企业自动化资本投入相对增加,会推动制造业下游(上游)企业的自动化资本偏向型技术进步水平。

(4)本书发现企业对外贸易规模越大、市场集中度越高,就越容易抑制制造业企业自动化资本偏向型技术进步,然而劳动力工资成本上升则促进了这种技术进步。

(5)本书探究了企业推动自动化资本偏向型技术进步的动机,研究发现,这种技术进步短期会提升企业全要素生产率,长期会提高企业利润,以及扩大企业产出规模。

二、关于制造业自动化资本偏向型技术进步对就业的影响

理论分析的结论如下:第一,自动化资本偏向型技术进步会通过增加替代的低级别工作任务,产生破坏效应,减少劳动力需求。由于自动化资本偏向型技术进步替代的低级别工作任务主要由低技能劳动力完成,因此产生对低技能劳动力的破坏效应。第二,自动化资本偏向型技术进步会通过增加新的高级别的任务来产生创造效应,增加劳动力需求,由于高级别的工作任务主要由高技能劳动力完成,因此这里的创造效应主要针对高技能劳动力。第三,自动化资本偏向型技术进步通过增加替代的低级别任务和创造新任务产生产出规模效应和生产率效应,进一步影响劳动力需求。

实证分析的结论如下:(1)现阶段,制造业企业自动化资本偏向型技术进步对就业产生替代效应,主要通过减小产出规模以及提升生产率这两个渠道实现。(2)这种技术进步对就业的替代效应可以进一步分解为对低技能劳动的破坏效应和高技能劳动的创造效应,且破坏效应大于创造效应。(3)制造业企业获得的政府补助越多,就越会加大自动化资本偏向型技术进步对高低技能劳动力的就业挤出作用;企业市场集中度越高,就越会强化自动化资本偏向型技术进步对低技能劳动力的就业破坏效应。(4)异质性分析结果表明,非国有制造业企业自动化资本偏向型技术进步对就业的替代效应显著,国有企业不显著;与东部制造业企业相比,中西部制造业企业自动化资本偏向型技术进步对就业总量的替代效

应较大；与高技术和中高技术行业制造业企业相比，低技术行业制造业企业自动化资本偏向型技术进步对就业总量的替代效应较大。自动化资本偏向型技术进步会显著替代生产人员、财务人员以及行政管理人员的需求，且对生产人员的替代效应最大；对研发技术人员就业的影响显著为正，对销售人员的影响不显著。

本书基于长期和非线性视角，进一步考察了制造业自动化资本偏向型技术进步与就业的关系，研究发现：第一，制造业企业自动化资本偏向型技术进步与就业总量存在"U"型的非线性关系，较低水平的制造业企业自动化资本偏向型技术进步对就业有替代效应，当这种技术进步水平越过拐点后，对就业有创造效应，现阶段以替代效应为主。第二，制造业企业自动化资本偏向型技术进步对高、低技能劳动力的就业影响同样是非线性的，分别呈现倒"U"型和"U"型。当制造业企业自动化资本偏向型技术进步指数值较小时，对低技能劳动力产生破坏效应，对高技能劳动力具有创造效应，然而当 $bias$ 值大于临界值时，会显著促进低技能劳动力就业，同时减少高技能劳动力就业。现阶段 $bias$ 对高、低技能劳动力的影响，分别以创造、破坏效应为主。

三、关于制造业自动化资本偏向型技术进步对工资的影响

（一）自动化资本偏向型技术进步对工资水平的影响及机制

理论分析发现：第一，自动化资本偏向型技术进步会通过增加替代的低级别工作任务，产生破坏效应和生产率效应，影响工资水平。第二，自动化资本偏向型技术进步会通过增加高级别的工作任务，产生创造效应和生产率效应，进而影响工资水平。实证结果表明，制造业企业自动化资本偏向型技术进步会提升工资水平，主要通过高技能劳动力的创造效应、生产率提升效应这两个机制实现，然而低技能劳动力的破坏效应抑制了这种技术进步对工资的正向作用。

（二）自动化资本偏向型技术进步对工资差距的影响及机制

理论分析的结论如下：第一，自动化资本偏向型技术进步通过增加替代的低级别任务以及增加创造的高级别任务，扩大高低技能劳动力的工资差距。这是由于，自动化资本偏向型技术进步所替代的低级别任务主要是由低技能劳动者完成，因此对低技能劳动力产生破坏效应，使劳动力市场中的低技能劳动力供给过多，导致其工资下降；而自动化资本偏向型技术进步创造的新任务主要由高技

能劳动力完成,会对高技能劳动力产生创造效应,增加高技能劳动力的需求,使得高技能劳动力工资上升。第二,自动化资本偏向型技术进步与劳动力的技能不匹配时,也会拉大高低技能劳动力的工资差距。这是因为,当劳动力技能与自动化资本偏向型技术进步不匹配时,低技能劳动力的技能水平不能适应这种技术进步,而且与这种技术进步相匹配的高技能劳动力供给短缺,致使低技能劳动力可完成的任务范围非常有限,同样使得低技能劳动力供给过多,导致其工资急剧下降,而供给短缺的高技能劳动力工资上升,进一步扩大高低技能劳动力的工资差距。

实证分析的结论如下:制造业企业自动化资本偏向型技术进步会拉大高低技能劳动力工资差距,通过低技能劳动力的破坏效应、高技能劳动力的创造效应,以及制造业企业自动化资本偏向型技术进步与劳动力技能的不匹配效应来实现。本书用企业高低技能劳动力比重作为制造业企业自动化资本偏向型技术进步与劳动力技能匹配的代理变量,基于面板门槛模型,检验了劳动力技能与自动化资本偏向型技术进步的不匹配对高低技能劳动力工资差距的影响。当高低技能劳动力比重较小时,表明企业低技能劳动力相对较多,或者高技能劳动力相对较少,由于自动化资本偏向型技术进步会替代低级别工作任务以及创造高级别工作任务,因此低技能劳动力需求减少但供给过多,而高技能劳动力需求增加但供给欠缺,从而使得制造业企业自动化资本偏向型技术进步与劳动力技能结构不匹配加剧,导致高低技能劳动力工资差距增加。然而,随着高低技能劳动力比重增加,即低技能劳动力相对减少,或者高技能劳动力相对增加,企业自动化资本偏向型技术进步与劳动力技能结构不匹配的矛盾得到缓解,低技能劳动力的议价能力上升,高技能劳动力议价能力降低,这种技术进步对高低技能劳动力工资差距的扩大效应减小。

四、制造业自动化资本偏向型技术进步对上下游企业就业和工资的影响

研究发现:(1)上游(下游)制造业企业自动化资本偏向型技术进步水平会对下游(上游)企业劳动力需求产生替代效应,提升劳动力平均工资以及拉大高低技能劳动力工资差距;且上游企业技术进步对下游就业和工资影响的前向关联效应大于下游技术进步对上游就业和工资影响的后向关联效应;这是由于,上游或下游行业的自动化资本偏向型技术进步都会通过技术溢出效应来提升制造业其他行业的生产效率和自动化水平,从而加强这种技术进步对就业和工资的效应。(2)上游(下游)制造业企业自动化资本偏向型技术进步水平的提升会通过技术溢出效应对下游(上游)企业低技能劳动力产生破坏效应,且前向关联效应大于后向关联效应。上游制造业企业自动化资本偏向型技术进步水平对下游企业高技能劳动力就业的正向影响显著,然而下游技术进步对上游高技能劳动力就业的影响不显著,表明制造业上游企业自动化资本偏向型技术进步的溢出效应要强于下游企业的溢出效应。

五、关于工业机器人与制造业就业

目前,全球工业机器人的应用规模日益增大。工业机器人作为自动化资本偏向型技术进步的典型代表,同样对制造业的核心生产要素、生产组织方式等产生了深刻变革。因此,需要重视工业机器人对制造业就业和工资的影响。通过采用IFR中国工业机器人应用数据以及《中国工业经济统计年鉴》《中国劳动统计年鉴》数据,本书考察了中国工业机器人应用对制造业就业和工资水平的影响。结果表明,现阶段,我国工业机器人应用对制造业行业的就业产生替代效应,同时提升了制造业行业工资水平,这与前文制造业企业自动化资本偏向型技术进步对就业与平均工资的影响结果一致。

第二节　对策建议

其一,鼓励和支持人工智能资本等自动化资本的投入,大力推动自动化资本偏向型技术进步。本书研究表明,自动化资本偏向型技术进步虽然会对就业造成冲击,然而,这种冲击主要是对低技能劳动力的冲击,势必会促使政府、企业重视低技能劳动力技能水平的提升,倒逼低技能劳动力提高自身技能水平,从而适应自动化资本偏向型技术进步。自动化资本偏向型技术进步也会增加高技能劳动力数量,促进高质量就业。而且自动化资本偏向型技术进步会增加企业劳动力工资水平,有一定的调节收入分配的功能。随着自动化资本投入增多,促使自动化资本偏向型技术进步指数增加,短期会促进企业全要素生产率提高,长期会增加企业利润,以及扩大企业产出规模,有助于增加企业就业岗位。而且制造业自动化资本偏向型技术进步基于技术溢出效应和产业关联效应,会促进上游或下游的这种技术进步水平。基于此,政府应该加大自动化以及人工智能技术研发的支持力度,综合运用财税、信贷、金融、保险等政策工具,支持领军企业和高校院所开展这方面的技术攻关和成果转化;由于数据是智能制造时期的关键要素,政府应该致力于建立开放和共享的数据生态系统,同时支持和鼓励企业共享数据。在制定人工智能等自动化技术发展政策时,要综合考虑自动化技术对整个制造业产业链技术进步的影响,推动制造业不同行业技术进步协调立体发展。企业应拥抱自动化资本偏向型技术进步,有实力的企业可以大力投入自动化资本,在自动化技术创新和产品开发方面积极参与并加强企业间合作和交流,同时加强企业自身的数据共享;随着制造业企业自动化资本偏向型技术进步深化发展,创新与制造一体化成为趋势,企业应该转变观念,不应再将生产与技术创新、研发环节割裂,为企业创造高价值的环节不只是研发和营销端,制造环节同样可以带来丰厚价值,企业应意识到制造是创新的一部分,通过建立制造业生态系统,在生产过程中不断促进自动化资本偏向型技术进步。

其二,充分发挥自动化资本偏向型技术进步对就业结构性升级的倒逼效应,通过提升低技能劳动力的技能水平以及大力培育高技能劳动力,加强自动化资本偏向型技术进步与劳动力的技能匹配,缩小不同技能劳动力的收入差距。技能结构升级是适应智能制造的重要前提,也是促进高质量就业的重要保障。本书研究表明,现阶段自动化资本偏向型技术进步虽然会对就业造成负面冲击,但这主要体现在对低技能劳动力的替代,且这种技术进步对上下游行业的低技能劳动力同样具有替代作用。政府应充分利用这一倒逼机制,重视低技能劳动力技能水平的提升,增加低技能劳动力培训等的政策供给。政府要完善就业信息大数据库和就业平台,及时发布人工智能等自动化技术领域相关的企业招聘公告,帮助失业和再就业人群随时了解就业信息,减少劳动力市场供需两端的信息不对称。政府需要完善社会保险体系,优化就业指导和咨询服务,对失业人群采取积极的就业援助,帮助失业人群以及低技能劳动力进行职业规划和选择。政府需要支持专业的第三方企业对低技能劳动力进行高质量、有针对性的职业技能培训;可以进一步引导企业在利润分配中更注重职工利益,建立低技能劳动力再就业培训制度,从企业内部转移吸收多余劳动力,缓解自动化资本偏向型技术进步对低技能劳动力就业的替代效应。另一方面,通过开展技能大赛、实施技能方面的补贴和税收优惠等措施激励其向高技能劳动力转变;同时也创造机会促进其向传统与新兴产业相结合的业态转移,适应自动化资本偏向型技术进步对低端劳动力升级的需求。本书研究表明,现阶段自动化资本偏向型技术进步会增加高技能劳动力的需求。目前,我国高端的人力资本积累总量在不断增长,但在人工智能等新兴数字领域的人才依然比较缺乏,特别是顶尖人才短缺现象还很严重,而领军人才往往会带动甚至决定新兴产业的蓬勃发展。因此,政府还必须坚持引培结合的方针,充分利用中国的大市场、大发展前景吸引国外顶尖人才,通过优化营商环境增强这些人才的根植性,在做大产业的同时创造更多的就业机会。同时,政府在制定就业政策时,要综合考虑自动化技术对制造业上下游行业就业的影响,从产业关联视角缓解自动化资本偏向型技术进步对劳动力市场的冲击。由于这种技术进步对制造业不同岗位、职位的就业影响有显著差异,政府需要厘清自动化资本偏向型技术进步对哪些职位的影响是促进的、对哪些职位的影响是替代的、对哪些职位的影响是不显著的,提前做好劳动者的转岗、再培训等部署。

企业方面,在人力资源规划上要适应这种技术进步的发展趋势,明确自动化资本偏向型技术进步对企业不同岗位劳动力的影响,做好人员的招募、培训、转岗、调配、激励、薪酬管理等工作安排。加强对低技能劳动力的岗位培训和技能提升,加大对高技能劳动力(尤其是自动化、人工智能技术硬软件研发和设计人员)以及这种技术进步催生的新岗位劳动力(如机器人设计师、数据标注师、智能机器人训练师、智能设备维修员、人机合作调度员等)的招聘与内部培养。

劳动者方面,需要提升自身的岗位水平,以及数据处理能力和编程能力(如学习python等数据处理软件),具备智能时代的基本素养。由于擅长人际沟通、具有创新能力的劳动者不容易被智能机器人替代,因此劳动者还需要强化个人的创新能力和沟通、协调能力,从而提高自身的核心竞争力,削弱技术进步对自身岗位的冲击和威胁。此外,由于在智能工厂中,生产者的角色开始转变,会慢慢从制造主体转变成操作者、协调者和设计者,因此生产人员要适应这种角色转变，积累必要的知识和技能，加强人机协作能力。其他岗位的劳动者也要快速更新自身的专业知识和技能，强化自身的职业转移能力。

其三，政府需要根据不同区域、不同类型企业的技术进步特点，制定差异化的技术与就业政策。更加重视中西部地区、低技术行业以及国有企业的低技能劳动力的技能提升和转岗培训，这是目前应对机器换人、稳就业的重点所在。在人工智能等自动化技术的冲击下，我国中西部部分地区的传统比较优势不断弱化，高技能劳动力、技术、资本、数据等高质量发展要素因为投入与积累不足，面临"断层"的风险，难以参与新经济、新产业体系的分工。随着技术迭代更新的加快，这些区域参与分工的难度进一步增加，这会导致我国原有产业链地区合作体系面临"解链"风险，制约产业链整体升级的进程。因此，促进新产业分工、技术分工与区域分工的融合贯通，建立与新经济体系相匹配的产业链创新空间布局，系统性地引导人才、数据、金融资本、技术等要素的空间布局，带动更多区域新经济的快速发展，是带动就业市场内生区域一体化发展的重要战略路径。国有企业因为决策过程较长，在新经济的冲击下更需要提前谋划，抓住新技术发展机遇，深化市场导向的体制机制改革，完善创新和人才的激励机制，在数智化时代成为创新发展的先锋。

其四，完善政府补助政策的制定、实施和监管流程，提高企业使用补贴的透明度，释放政府补助对就业的促进作用。基于本书的研究结果，政府在制定补助政策时，需结合"稳就业、保就业"的目标，设置持续稳定的企业就业扶持基金以及一定比例的企业劳动力岗位培训资金，适当规定"财政贴息"和"税收返还"的资金用途，设计动态企业补助计划，建立政府补助效应评估机制，定期对企业所获补助的使用去向和成果进行评价和审核，若发现不符合规定，则可中止对该企业的补助并给予一定的惩罚。鼓励和引导企业使用政府补助提高自动化水平，促进生产效率的提升，在技术升级的同时扩大生产规模，加大对劳动力的技能培训，促进劳动力就业和技能提升。

其五，政府应充分发挥自动化资本偏向型技术进步的生产率效应和产出规模效应，切实推动就业的高质量发展。本书研究表明，短期来看，自动化资本偏向型技术进步基于自动化的机器设备、电子设备，会提高企业生产率，产生对劳动力的替代，而且企业投资自动化资本需要大量的资金，会带来显著的成本效应,可能导致短期内产出规模下降,从而降低劳动力需求。然而,长期来看,随着自动化资本偏向型技术进步水平的提高,企业的生产效率得到提升,这会增强企业的盈利能力,减少生产成本,刺激企业扩大生产规模,从而加大对劳动力的需求。而且自动化资本偏向型技术进步的发展,有利于企业节约生产经营成本,降低产成品价格,提高了消费者的实际收入,这种"收入效应"可以增加消费者的需求,使企业扩大生产规模,进一步增加就业岗位。因此,应该注重这种技术进步的生产率效应和产出规模效应,以更长远的角度审视自动化资本偏向型技术进步对就业和工资水平的非线性影响。减少垄断和不正当竞争,营造更加公平健康的市场竞争环境,深入推进国内统一大市场的建设,挖掘超大市场规模的潜力,通过要素市场的改革释放新的生产率"结构红利",鼓励和支持制造业企业开拓国际市场,推进国内国际市场双循环发展,有助于扩大企业产出规模以及提升整体企业的生产率,促进就业的高质量发展。

第三节 研究展望

本书的研究丰富了技术进步偏向的理论,同时为应对"机器换人"的趋势,促进高质量就业,平衡新技术、新业态发展与保障就业民生提出了一些建议。本书还可以从以下几个方面进行拓展:

其一,研究制造业自动化资本偏向型技术进步对职位的影响。受数据所限,本书将制造业劳动力分为高技能和低技能,在进一步研究中,将制造业劳动力的岗位细致地划分为研发技术、财务、行政管理、销售、生产人员,从而将制造业自动化资本偏向型技术进步对就业总量的影响进行结构分解。然而,这种技术进步会对制造业不同职位的影响有显著差异,需要进一步厘清在制造业自动化资本偏向型技术进步的不同发展阶段,哪些职位会消失、产生哪些新职位、对哪些职位的劳动力有替代效应和补偿效应,以及对哪些职位的劳动力没有显著影响,从而更全面、细致地把握制造业自动化资本偏向型技术进步对就业的影响,对政府和企业的参考意义更强。

其二,研究自动化资本偏向型技术进步对劳动力技能水平的影响。随着制造业自动化资本偏向型技术进步的深化,一些制造业劳动力可能出现"去技能化"趋势,也会促进一些劳动力技能提升。需要基于实地调查和问卷调查等方法进一步研究哪些劳动力技能会提升或下降、哪些劳动力将失去技能或者实现再技能化。通过研究自动化资本偏向型技术进步对劳动力技能水平的异质性影响,更深入和细致地把握这种技术进步对劳动力市场的影响。

其三,研究自动化资本偏向型技术进步对服务业以及中国劳动力市场的影响。本书研究对象是制造业劳动力,未来可以将研究对象拓展至服务业乃至中国所有产业劳动力,探究这种技术进步对服务业以及中国劳动力市场的影响。此外,还可以考察随着自动化资本投入增加,服务业技术进步是否也偏向于自动化资本。检验随着自动化资本投入增加,服务业的技术进步偏向对劳动力市场的影响,以及探讨制造业与服务业的技术进步偏向对就业和工资影响的关联效应,以深入探索更广范围的自动化资本偏向型技术进步对劳动力市场的影响。

附　录

附录 A　数据匹配过程

本书使用的制造业分行业面板数据来自《中国劳动统计年鉴》《中国工业统计年鉴》等官方统计年鉴，提供了 2006—2017 年中国 31 个制造业二位码行业就业、产出等数据；工业机器人数据来自 IFR，提供了 1993—2017 年世界主要国家和地区 14 个制造业二位码行业的工业机器人年保有量和年新增量。本书借鉴闫雪凌等（2020）的做法，根据分类标准和行业名称，将中国制造业 31 个二位码行业整合为 14 个制造业行业，与 IFR 提供的制造业分行业进行一一匹配，结果如表 A1 所示。

表 A1　　　　　　　IFR 与中国国民经济行业匹配结果

IFR 制造业分行业	对应的国民经济行业分类与代码（GB/4754-2011）
食品饮料加工制造业	13—农副食品加工业
	14—食品制造业
	15—酒、饮料和精制茶制造业
纺织与服装制品业	17—纺织业
	18—纺织服装、服饰业
	19—皮革、毛皮、羽毛及其制品和制鞋业
木制品及家具制造业	20—木材加工和木、竹、藤、棕、草制品业
	21—家具制造业
造纸及印刷制品业	22—造纸及纸制品业
	23—印刷和记录媒介复制业

续表

IFR 制造业分行业	对应的国民经济行业分类与代码(GB/4754-2011)
化学制品业	26—化学原料和化学制品制造业
	27—医药制造业
	28—化学纤维制造业
橡胶和塑料制品业	29—橡胶和塑料制品业
非金属矿物制品业	30—非金属矿物制品业
金属加工冶炼业	31—黑色金属冶炼和压延加工业
	32—有色金属冶炼和压延加工业
金属制品业	33—金属制品业
通用及专用设备制造业	34—通用设备制造业
	35—专用设备制造业
汽车制造业	36—汽车制造业
铁路、船舶、航空航天和其他运输设备制造业	37—铁路、船舶、航空航天和其他运输设备制造业
电子和电气设备制造业	38—电气机械和器材制造业
	39—计算机、通信和其他电子设备制造业
	40—仪器仪表制造业
其他制造业分支	16—烟草制品业
	24—文教、工美、体育和娱乐用品制造业
	25—石油加工、炼焦和核燃料加工业
	41—其他制造业
	42—废弃资源综合利用业
	43—金属制品、机械和设备修理业

中国不同年度国民经济制造业行业匹配：由于本书的样本时间范围是2006—2019年，因此以跨越时间区间最长的国民经济行业分类与代码(GB/4754-2011)为标准，其中2006—2011年的"橡胶制品业和塑料制品业"合并匹配为29位码"橡胶和塑料制品业"。2019年的"石油、煤炭及其他燃料加工业"匹配为25位码"石油加工、炼焦及核燃料加工业"。2012—2019年的36位码"汽车制造业"以及37位码"铁路、船舶、航空航天和其他运输设备制造业"合并为36位码"交通运输设备制造业"。

附录 B

图 B1—B12 展示了 2006—2019 年中国制造业各行业工业机器人保有量和新增量,各行业工业机器人保有量整体均呈现不断上升的态势,自 2012 年开始,各行业增速加快。

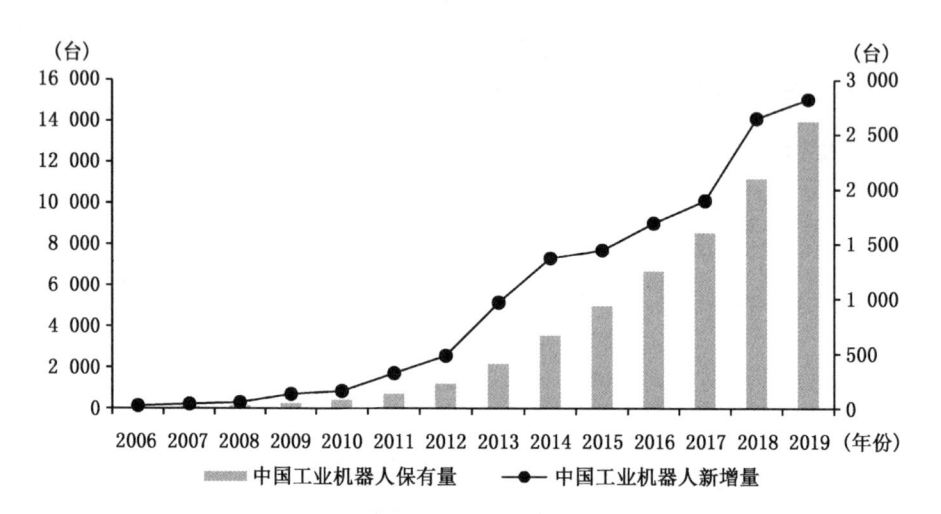

图 B1　2006—2019 年中国食品饮料加工制造业工业机器人保有量和新增量

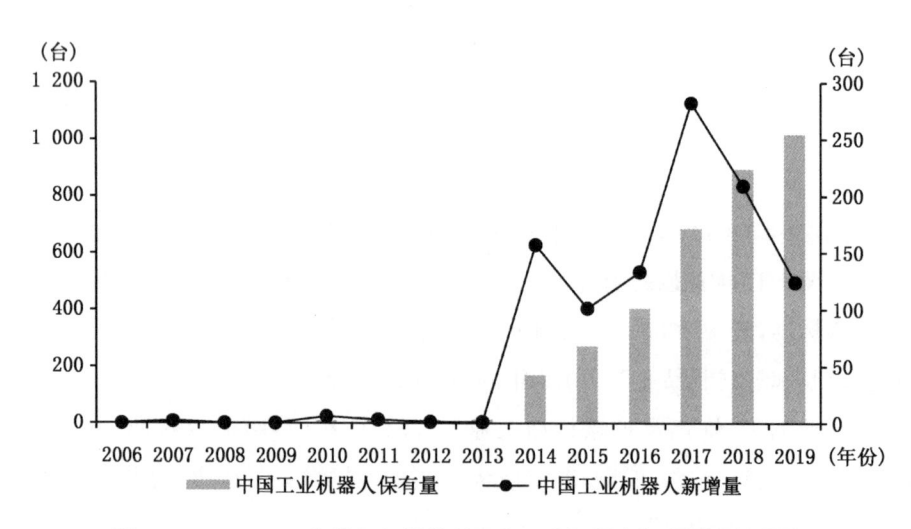

图 B2　2006—2019 年纺织与服装制品业工业机器人保有量和新增量

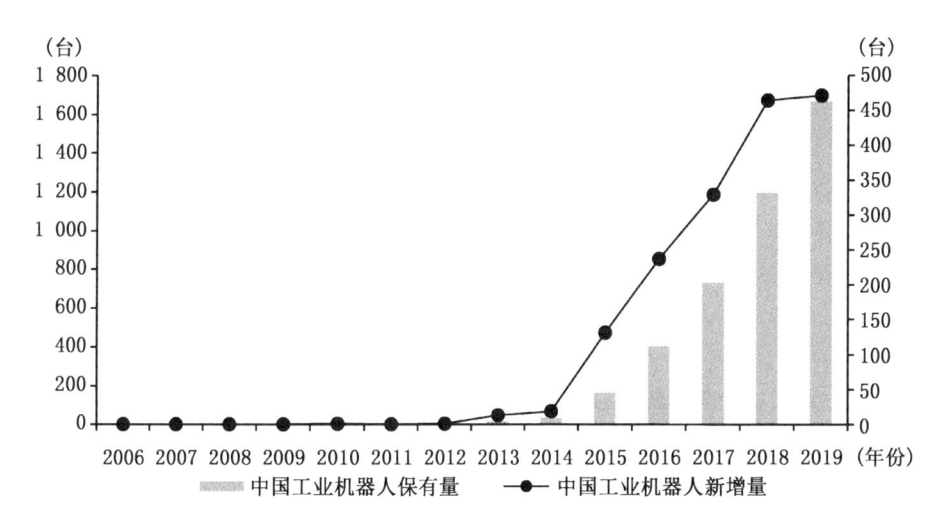

图 B3　2006—2019 年中国木制品及家具制造业工业机器人保有量和新增量

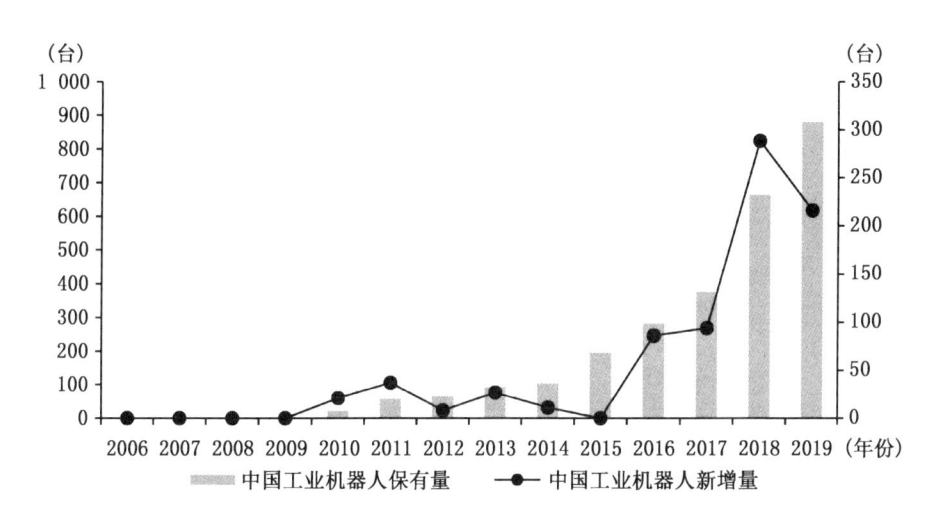

图 B4　2006—2019 年中国造纸及印刷制品业工业机器人保有量和新增量

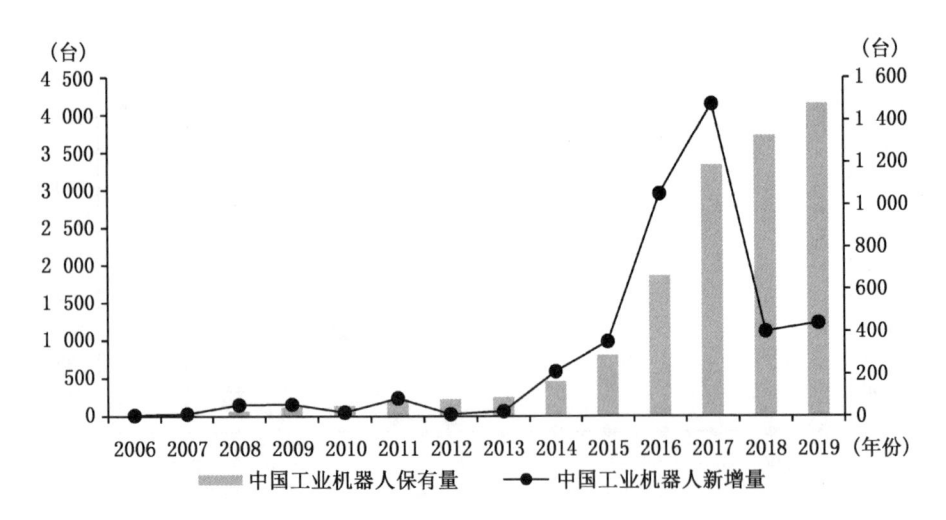

图 B5　2006—2019 年中国化学制品业工业机器人保有量和新增量

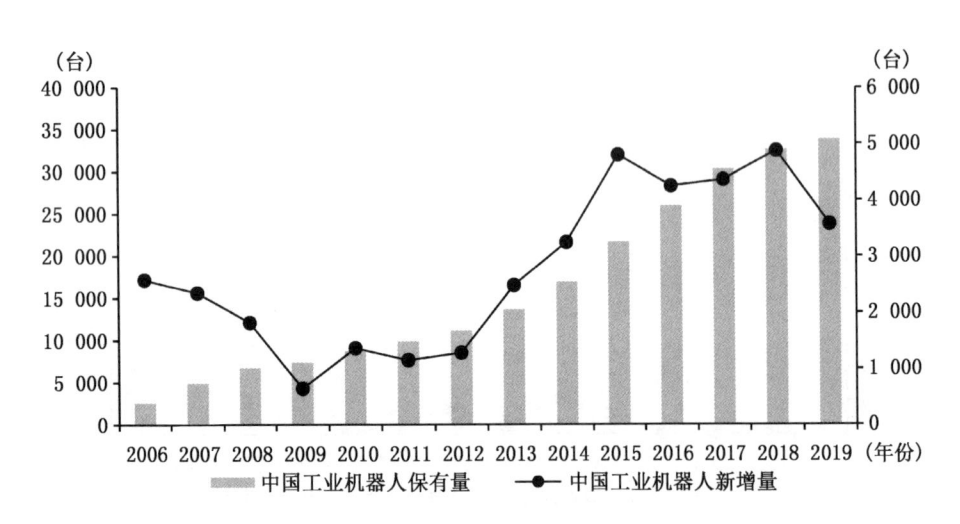

图 B6　2006—2019 年中国橡胶和塑料制品业工业机器人保有量和新增量

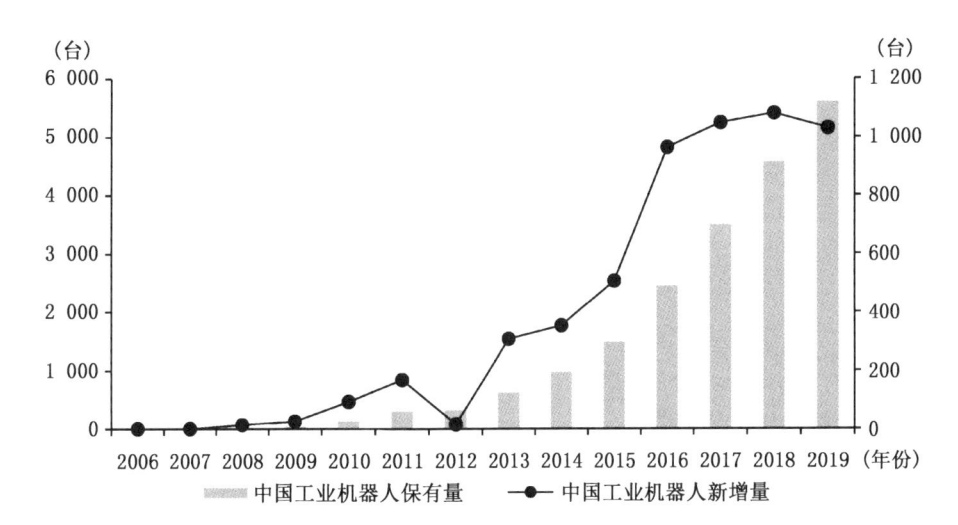

图 B7　2006—2019 年中国非金属矿物制品业工业机器人保有量和新增量

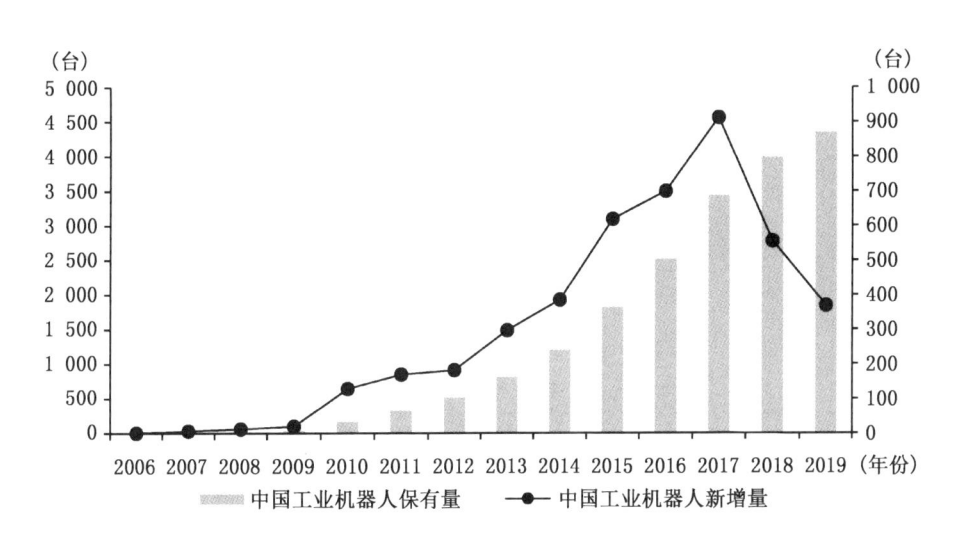

图 B8　2006—2019 年中国金属加工冶炼业工业机器人保有量和新增量

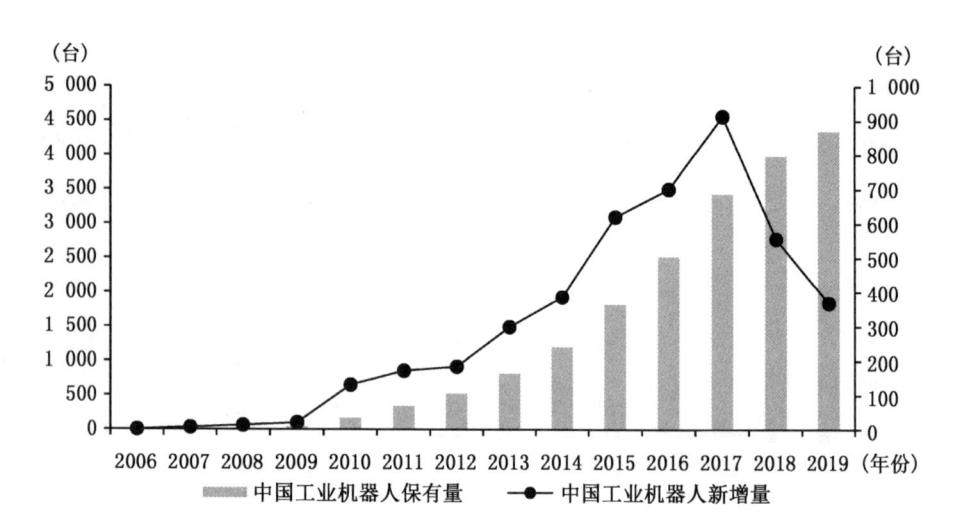

图 B9　2006—2019 年中国金属制品业工业机器人保有量和新增量

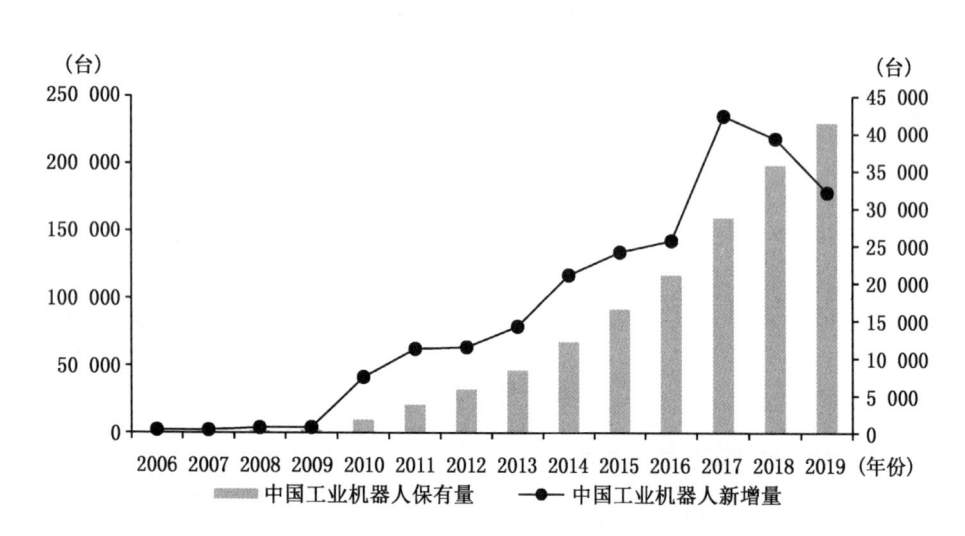

图 B10　2006—2019 年中国汽车制造业工业机器人保有量和新增量

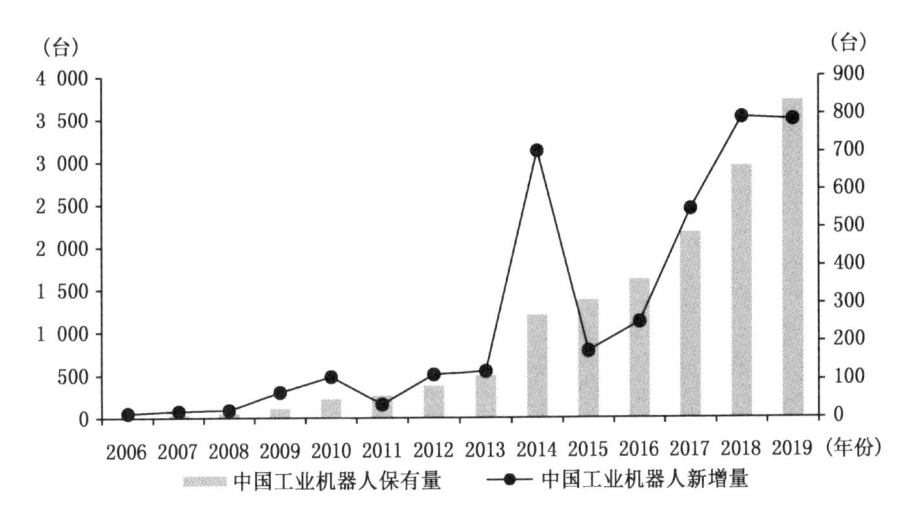

图 B11　2006—2019 年中国铁路、船舶、航空航天和
其他运输设备制造业工业机器人保有量和新增量

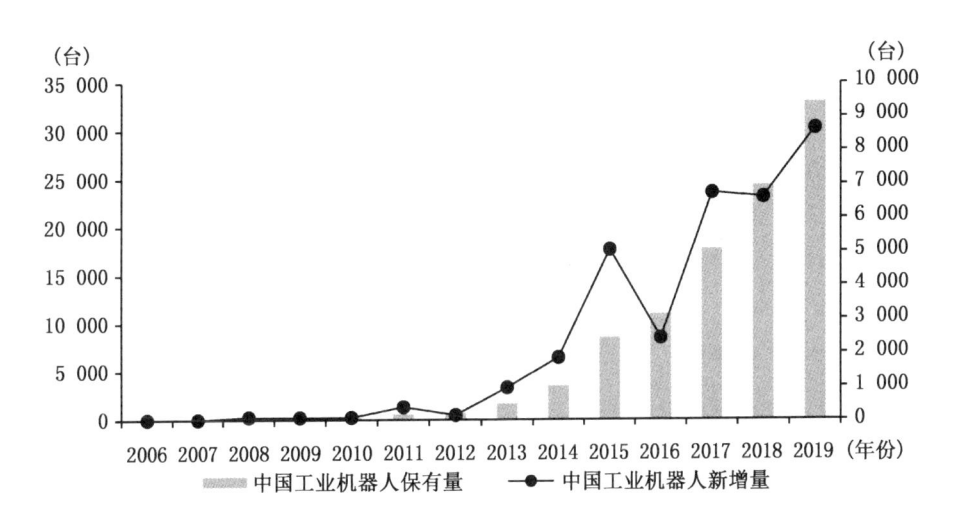

图 B12　2006—2019 年中国工业电子和电气设备制造业机器人保有量和新增量

参考文献

[1]赵奎,后青松,李巍.省会城市经济发展的溢出效应——基于工业企业数据的分析[J].经济研究,2021,56(3):150—166.

[2]王永钦,董雯.机器人的兴起如何影响中国劳动力市场?——来自制造业上市公司的证据[J].经济研究,2020,55(10):159—175.

[3]赵涛,张智,梁上坤.数字经济、创业活跃度与高质量发展——来自中国城市的经验证据[J].管理世界,2020,36(10):65—76.

[4]孔高文,刘莎莎,孔东民.机器人与就业——基于行业与地区异质性的探索性分析[J].中国工业经济,2020(8):80—98.

[5]余泳泽,孙鹏博,宣烨.地方政府环境目标约束是否影响了产业转型升级?[J].经济研究,2020,55(8):57—72.

[6]刘诗源,林志帆,冷志鹏.税收激励提高企业创新水平了吗?——基于企业生命周期理论的检验[J].经济研究,2020,55(6):105—121.

[7]许怡,叶欣.技术升级劳动降级?——基于三家"机器换人"工厂的社会学考察[J].社会学研究,2020,35(3):23—46,242.

[8]诸竹君,黄先海,王毅.外资进入与中国式创新双低困境破解[J].经济研究,2020,55(5):99—115.

[9]王林辉,胡晟明,董直庆.人工智能技术会诱致劳动收入不平等吗?——模型推演与分类评估[J].中国工业经济,2020(4):97—115.

[10]闫雪凌,朱博楷,马超.工业机器人使用与制造业就业:来自中国的证据[J].统计研究,2020,37(1):74—87.

[11]谢萌萌,夏炎,潘教峰等.人工智能、技术进步与低技能就业——基于中国制造业企业的实证研究[J].中国管理科学,2020,28(12):54—66.

[12]王若兰,刘灿雷.市场竞争、利润分享与企业间工资不平等——来自外资管制政策调整的证据[J].中国工业经济,2019(11):42—59.

[13]邓翔,黄志.人工智能技术创新对行业收入差距的效应分析——来自中国行业层面的经验证据[J].软科学,2019,33(11):1—5,10.

[14]郭凯明.人工智能发展、产业结构转型升级与劳动收入份额变动[J].管理世界,2019,35(7):60—77,202—203.

[15]邓洲,黄娅娜.人工智能发展的就业影响研究[J].学习与探索,2019(7):99—106,175.

[16]蔡啸,黄旭美.人工智能技术会抑制制造业就业吗?——理论推演与实证检验[J].商业研究,2019(6):53—62.

[17]任胜钢,郑晶晶,刘东华等.排污权交易机制是否提高了企业全要素生产率——来自中国上市公司的证据[J].中国工业经济,2019(5):5—23.

[18]蔡跃洲,陈楠.新技术革命下人工智能与高质量增长、高质量就业[J].数量经济技术经济研究,2019,36(5):3—22.

[19]王家庭,曹清峰,宋顺锋.运输成本、生产率差异与我国制造业劳动收入份额[J].经济学(季刊),2019,18(3):791—812.

[20]谭静,张建华.开发区政策与企业生产率——基于中国上市企业数据的研究[J].经济学动态,2019(1):43—59.

[21]王林辉,袁礼.有偏型技术进步、产业结构变迁和中国要素收入分配格局[J].经济研究,2018,53(11):115—131.

[22]程虹,陈文津,李唐.机器人在中国:现状、未来与影响——来自中国企业—劳动力匹配调查(CEES)的经验证据[J].宏观质量研究,2018,6(3):1—21.

[23]陈勇,柏喆.技能偏向型技术进步、劳动者集聚效应与地区工资差距扩大[J].中国工业经济,2018(9):79—97.

[24]董直庆,王辉.异质性研发补贴、技术进步方向和环境质量[J].南京社会科学,2018(8):15—25,45.

[25]童锦治,刘诗源,林志帆.财政补贴、生命周期和企业研发创新[J].财政研究,2018(4):33—47.

[26]曹静,周亚林.人工智能对经济的影响研究进展[J].经济学动态,2018(1):103—115.

[27]董直庆,赵景.不同技术来源、技术进步偏向型与能源强度[J].东南大学学报:哲学社会科学版,2017,19(5):102—111,147—148.

[28]刘贯春,陈登科,丰超.最低工资标准的资源错配效应及其作用机制分析[J].中国工业经济,2017(7):62—80.

[29]潘文卿,吴天颖,胡晓.中国技术进步方向的空间扩散效应[J].中国工业经济,2017(4):17—33.

[30]卢晶亮.资本积累与技能工资差距——来自中国的经验证据[J].经济学(季刊),2017,16(2):577—598.

[31]叶纯青.人工智能与金融服务的演变[J].金融科技时代,2017(1):92—93.

[32]刘国晖,张如庆,陈清萍.有偏技术进步抑制中国劳动就业了吗?[J].经济问题,2016(9):41—47.

[33]李磊,白道欢,冼国明.对外直接投资如何影响了母国就业?——基于中国微观企业数据的研究[J].经济研究,2016,51(8):144—158.

[34]李太龙,朱曼.技术进步偏向研究述评[J].浙江理工大学学报(社会科学版),2016,36(4):317—323.

[35]赵瑞丽,孙楚仁,陈勇兵.最低工资与企业出口持续时间[J].世界经济,2016,39(7):97—120.

[36]沈春苗.逆向外包与技能偏向型技术进步[J].财经研究,2016,42(5):43—52.

[37]毛其淋,许家云.中间品贸易自由化与制造业就业变动——来自中国加入WTO的微观证据[J].经济研究,2016,51(1):69—83.

[38]周云波,陈岑,田柳.外商直接投资对东道国企业间工资差距的影响[J].经济研究,2015,50(12):128—142.

[39]陈建林.家族所有权与非控股国有股权对企业绩效的交互效应研究——互补效应还是替代效应[J].中国工业经济,2015(12):99—114.

[40]钟世川.技术进步偏向对制造业就业增长的影响[J].西部论坛,2015,25(6):62—69.

[41]张杰,陈志远,杨连星等.中国创新补贴政策的绩效评估:理论与证据[J].经济研究,2015,50(10):4—17,33.

[42]雷钦礼,徐家春.技术进步偏向、要素配置偏向与我国TFP的增长[J].统计研究,2015,32(8):10—16.

[43]张川川.出口对就业、工资和收入不平等的影响——基于微观数据的证据[J].经济学(季刊),2015,14(4):1611—1630.

[44]张月玲,叶阿忠,陈泓.人力资本结构、适宜技术选择与全要素生产率变动分解——基于区域异质性随机前沿生产函数的经验分析[J].财经研究,2015,41(6):4—18.

[45]陈欢,王燕.国际贸易与中国技术进步方向——基于制造业行业的经验研究[J].经济评论,2015(3):84—96.

[46]张祥建,徐晋,徐龙炳.高管精英治理模式能够提升企业绩效吗?——基于社会连带关系调节效应的研究[J].经济研究,2015,50(3):100—114.

[47]杨汝岱.中国制造业企业全要素生产率研究[J].经济研究,2015,50(2):61—74.

[48]王光栋.有偏技术进步、技术路径与就业增长[J].工业技术经济,2014,33(12):59—65.

[49]臧志彭.政府补助、公司性质与文化产业就业——基于161家文化上市公司面板数据的分析[J].中国人口科学,2014(5):57—66,127.

[50]王林辉,蔡啸,高庆昆.中国技术进步技能偏向型水平:1979—2010[J].经济学动态,2014(4):56—65.

[51]王杰,刘斌.环境规制与企业全要素生产率——基于中国工业企业数据的经验分析[J].中国工业经济,2014(3):44—56.

[52]王班班,齐绍洲.有偏技术进步、要素替代与中国工业能源强度[J].经济研究,2014,49(2):115—127.

[53]宋凌云,王贤彬.重点产业政策、资源重置与产业生产率[J].管理世界,2013(12):63—77.

[54]张月玲,叶阿忠.中国区域技术选择与要素结构匹配差异:1996—2010[J].财经研究,2013,39(12):100—114.

[55]陆雪琴,章上峰.技术进步偏向定义及其测度[J].数量经济技术经济研究,2013,30(8):20—34.

[56]陈宇峰,贵斌威,陈启清.技术偏向与中国劳动收入份额的再考察[J].经济研究,2013,48(6):113—126.

[57]孙楚仁,田国强,章韬.最低工资标准与中国企业的出口行为[J].经济研究,2013,48(2):42—54.

[58]杨蕙馨,李春梅.中国信息产业技术进步对劳动力就业及工资差距的影响[J].中国工业经济,2013(1):51—63.

[59]杨继东,江艇.中国企业生产率差距与工资差距——基于1999—2007年工业企业数据的分析[J].经济研究,2012,47(S2):81—93.

[60]方建国,尹丽波.技术创新对就业的影响:创造还是毁灭工作岗位——以福建省为例[J].中国人口科学,2012(6):34—43,111.

[61]简泽,段永瑞.企业异质性、竞争与全要素生产率的收敛[J].管理世界,2012(8):15—29.

[62]鲁晓东,连玉君.中国工业企业全要素生产率估计:1999—2007[J].经济学(季刊),

2012,11(2):541—558.

[63]邵敏,刘重力. 外资进入与技能溢价——兼论我国 FDI 技术外溢的偏向型[J]. 世界经济研究,2011(1):67—74,89.

[64]戴天仕,徐现祥. 中国的技术进步方向[J]. 世界经济,2010,33(11):54—70.

[65]宋冬林,王林辉,董直庆. 技能偏向型技术进步存在吗?——来自中国的经验证据[J]. 经济研究,2010,45(5):68—81.

[66]江静,刘志彪,于明超. 生产者服务业发展与制造业效率提升:基于地区和行业面板数据的经验分析[J]. 世界经济,2007(8):52—62.

[67]王志刚,龚六堂,陈玉宇. 地区间生产效率与全要素生产率增长率分解(1978—2003)[J]. 中国社会科学,2006(2):55—66,206.

[68]周献中. 自动化导论[M]. 北京:科学出版社,2019.

[69]涂正革,肖耿. 中国的工业生产力革命——用随机前沿生产模型对中国大中型工业企业全要素生产率增长的分解及分析[J]. 经济研究,2005(3):4—15.

[70]温忠麟,张雷,侯杰泰,刘红云. 中介效应检验程序及其应用[J]. 心理学报,2004(5):614—620.

[71]Acemoglu D. Directed Technical Change[J]. *Review of Economic Studies*,2002,69(4):781—809.

[72]Acemoglu D,Restrepo P. Automation and New Tasks:How Technology Displaces and Reinstates Labor[R]. *NBER Working Paper*,2019.

[73]Acemoglu D,Restrepo P. Artificial Intelligence,Automation and Work[R]. NBER Working Paper,2018.

[74]Aghion P,Dewatripont M,Du L. Industrial Policy and Competition[R]. CEPR Discussion Papers,2011.

[75]Aghion P,Jones B,Jones C. Artificial Intelligence and Economic Growth[R]. NBER Working Paper,2017.

[76]Amable B,Gatti D. Product Market Competition,Job Security,and Aggregate Employment[J]. *Oxford Economic Papers*,2004,56(4):667—686.

[77]Aum S,Lee S,Shin Y. Computerizing Industries and Routinizing Jobs:Explaining Trends in Aggregate Productivity[R]. NBER Working Papers,2018.

[78]Autor D,Katz L,Krueger A. Computing Inequality:Have Computers Changed the Labor Market[J]. *Quarterly Journal of Economics*,1998,113(4):1169—1214.

[79]Autor D,Levy F,Murnane R. The Skill Content of Recent Technological Change:An

Empirical Investigation[J]. *Quarterly Journal of Economics*,2003(118):1279—1333.

[80]Baron R,Kenny D. The Moderator-Mediator Variable Distinction in Social Psychological Research:Conceptual,Strategic,and Statistical Considerations[J]. *Journal of Personality and Social Psychology*,1986,51(6):1173—1182.

[81]Bessen J. AI and Jobs:The Role of Demand[R]. NBER Working Paper,2018.

[82]Betsey S. AI,Income,Employment,and Meaning[R]. NBER Working Paper,2018.

[83]Bound J,Johnson G. Changes in the Structure of Wages in the 1980s:An Evaluation of Alternative Explanations[J]. *American Economy Review*,1992,82(3):371—392.

[84]Cheng H,Jia R,Li D. The Rise of Robots in China[J]. *Journal of Economic Perspectives*,2019,33(2):71—88.

[85]Colombo M,Giannangeli S,Grilli L. Public Subsidies and the Employment Growth of High-tech Start-ups:Assessing the Impact of Selective and Automatic Supports Schemes[J]. *Industrial and Corporate Change*,2013,22(5):1273—1314.

[86]Dauth W,Findeisen S,Suedekum J. The Rise of the East and the Far East:German Labor Markets and Trade Integration[J]. *Journal of the European Economic Association*,2014,12(6):1643—1675.

[87]Dauth W,Findeisen S,Sudekum J,et al. German Robots—the Impact of Industrial Robots on Workers[R]. CEPR Discussion Paper,2017.

[88]David H. Why Are There Still So Many Jobs? The History and Future of Workplace Automation[J]. *The Journal of Economic Perspectives*,2015,29(3):3—30.

[89]Grandville O. In Quest of the Slutsky Diamond[J]. *The American Economic Review*,1989,79(3):468—481.

[90]Decanio S. Robots and Humans-Complements or Substitutes[J]. *Journal of Macroeconomics*,2016(49):280—291.

[91]Diamond P. National Debt in a Neoclassical Growth Model[J]. *American Economic Review*,1965(41):1126—1150.

[92]Dixon J,Hong B,Wu L. The Employment Consequences of Robots:Firm-Level Evidence[R]. SSRN Working Paper,2019.

[93]Frey C,Osborne M. The Employment Consequences of Robots:Firm-Level Evidence[R]. SSRN Working Paper,2015.

[94]Furman J,Seamans R. AI and the Economy[R]. NBER Working Paper,2019.

[95]Giannetti M,Liao G,Yu X. The Brain Gain of Corporate Boards:Evidence from China

[J]. *Journal of Finance*, 2015, 70(4): 1629—1682.

[96] Gong B. Agricultural Reforms and Production in China: Changes in Provincial Production Function and Productivity in 1978—2015[J]. *Journal of Development Economics*, 2018(132): 18—31.

[97] Graetz G, Michaels G. Robots at Work[J]. *The Review of Economics and Statistics*, 2018, 100(5): 753—768.

[98] Griliches Z, Ringstad V. *Economies of Scale and the Form of the Production Function: Contributions to Economic Analysis Series*[M]. North Holland Publishing, 1971.

[99] Griliches Z. Capital-Skill Complementarity[J]. *Review of Economics and Statistics*, 1969, 51(4): 465—468.

[100] Habakkuk H. *American and British Technology in the Nineteenth Century: Search for Labor Saving Inventions*[M]. Cambridge University Press, 1962.

[101] Hansen B. Threshold Effects in Non-dynamic Panels: Estimation, Testing, and Inference[J]. *Journal of Econometrics*, 1999(93): 345—368.

[102] Henningsen A, Kumbhakar S, Lien G. Econometric Analysis of the Effects of Subsidies on Farm Production in Case of Endogenous Input Quantities[J]. *European Association of Agricultural Economists*, 2011.

[103] Kennedy C. Induced Bias in Innovation and the Theory of Distribution[J]. *Economic Journal*, 1964, 74(295): 541—547.

[104] Khanna N. Analyzing the Economic Cost of the Kyoto Protocol[J]. *Empirical Economics*, 2001, 38(1): 59—69.

[105] Klump R, Preissler H. CES Production Functions and Economic Growth[J]. *Scanninavian Journal of Economics*, 2000, 102(1): 41—56.

[106] Klump R, Mcadam P, Willman A. Factor Substitution and Factor-augmenting Technical Progress in the United States: A Normalized Supply-side System Approach[J]. *The Review of Economics and Statistics*, 2007, 89(1): 183—191.

[107] Kmenta J. On Estimation of CES Production Function[J]. *International Economic Review*, 1967(2): 180—189.

[108] Leon-Lesdesma M, Mcadam P, Willman A. Identifying the Elasticity of Substitution with Biased Technical Change[J]. *The American Economic Review*, 2015(100): 1330—1357.

[109] Leontief W. Some Basic Problems of Empirical Input-Output Analysis[R]. National Bureau of Economic Research, 1955.

[110] Mann K, Puttmann L. Benign Effects of Automation: New Evidence from Patent Texts[J]. SSRN Electronic Journal, 2017.

[111] Nickell S. Product Markets and Labor Markets[J]. *Labor Economics*, 1999, 6(1): 1—20.

[112] Paul G, Isaac S, Swift H. Bartik Instruments: What, When, Why, and How[J]. *American Economic Review*, 2020, 110(8): 2586—2624.

[113] Zeira J. Workers, Machines, and Economic Growth[J]. *Quarterly Journal of Economics*, 1998, 113(4): 1091—1117.